우리는
자격 없는 여성들과
세상을 바꾼다

////////////////

트랜스젠더 여성 A를 향한 환대와 지지의 기록

와온

이 책은 2020년 2월 숙명여대 입학을 포기한 트랜스젠더 A씨와 관련하여 발표되었던 논평과 성명을 엮은 것이다. 당연히도, 이 책에 실린 글들은 그녀를 지지했던 수많은 글 중 일부에 불과하다.

연대와 환대의 경험을 기억하고 기록하는 것은 사회를 바꿔 나가는 동력이자 오늘 하루를 살아가는 힘이다. A씨가 말했듯, 그 작은 기억과 기록이 끝내 누군가의 일상을 지켜 내기도 한다.

참고로 A씨는 2020년 2월 7일에 숙명여대 입학을 포기한다고 밝혔다. 각 장에는 그녀가 입학을 포기하기 전과 후의 글이 함께 실려 있다. /엮은이

차례

들어가며 무지의 공포 /권김현영 11

1 트랜스 여성은 여성이다 누가 '진짜'인가?

당신의 기준 속에서 과연 누가 여성일 수 있는가 19
/숙명여자대학교 성소수자인권모임 무럭무럭

동일성이라는 가상의 울타리 바깥에서 23
/유니브페미

우리는 '자격 없는' 여성들과 세상을 바꾼다 27
/한국성폭력상담소

소수자가 건강해야 사회도 건강하다 33
/인도주의실천의사협의회

여성이 인간이라면 트랜스 여성은 여성이다 37
/관악여성주의학회 달

차별과 배제는 위험을 해결해 주지 않는다 49
/공공운수노조 전국대학원생노동조합지부 충청지회 준비모임

페미니즘은 언제나 '정상'이 아닌 여성들과 함께해 왔다
/여대페미니스트네트워크 W.F.N 57

2 트랜스젠더는 어디에나 존재한다
모두에게 안전한 공간을 위해

시대의 요청에 응답할 것인가, 혐오의 편에 설 것인가 67
/숙명여자대학교 학생·소수자인권위원회

트랜스젠더도 마음 편히 다닐 수 있는
안전한 학교를 원합니다 71
/청소년트랜스젠더인권모임 튤립연대

트랜스젠더퀴어는 당신 곁에 존재한다 77
/숙명여자대학교 퀴어모임 큐훗

숙명여대에 최종 합격한 성전환자 학생을
동문의 이름으로 환대한다 81
/숙명여자대학교 동문 일동

대학 앞 혐오와 차별의 허들을 부수자 87
/대학·청년성소수자모임연대 QUV

그 날갯짓은 활공의 시작이다 91
/서강대학교 성소수자협의회 & 서강퀴어자치연대 춤추는Q

다시, 경계를 넘어 전진하라 97
/여대페미니스트네트워크 W.F.N

3 연대는 혐오보다 강하다
서로를 향해 묻고 답하며, 공동 전선을 구축하기

우리는 모두의 인권이 확장되길 바란다 105
/트랜스해방전선

트랜스젠더 혐오에 반대합니다 109
/이화여자대학교 성소수자인권운동모임 변태소녀하늘을날다

더 많은 소수자의 목소리를 드러내고 존중하는 사회가 되자
/성소수자차별반대 무지개행동 & 차별금지법제정연대 117

연대는 혐오보다 강하다 121
/캠퍼스페미네트워크

지나친 확신이 아닌, 서로의 외침에 응답하며 125
/이화여자대학교 학생·소수자인권위원회

소수자를 배제하는 운동에서 무엇을 꿈꿀 수 있는가 131
/익명의 이화인들

우리는 계속 '위협'이기를 원한다 137
/언니네트워크 & 퀴어여성네트워크

나가며 숙명여대 등록 포기에 부쳐 /A 141

많은 성명서가 반복해서 말하는 메시지는 우리는 결코 무지 속에서 안전하다는 감각을 느낄 수 없다는 것이다. 아마도 함께 지낼 수 있는 기회가 있었다면, 서로에 대해 알게 되었다면 일어나지 않았을 일일지도 모른다.

들어가며

무지의 공포[*]
/권김현영(여성학자)

A씨는 2020년 1월 숙명여자대학교 정시 모집에 합격했다. 22살, 다른 새내기보다 늦은 입학이었다.

그동안 어떻게 지냈는지는 다음 한 줄이 많은 것을 설명해 준다. A씨는 2019년 10월 법적 성별정정을 마쳤다. 한국의 성별정정 요건은 매우 까다롭다. 2006년 대법원은 성별정정에 대한 사무처리지침 예규를 만들었다. 이 지침은 성별정정을 인정하는 나라 중에서 가장 엄격한 편이다. 19살 이상이어야 하고, 혼인 상태가 아니어야 하며, 미성년의 자녀가 없을 것, 성장기부터 지속적인 불일치감으로 고통을 받았을 것, 반대의 성에 귀속감을 느낄 것, 상당 기간 정신과 치료를 받았을 것, 호르몬 요법에 의한 치료를 실시하였을 것, 성전환 수술을 받아 외부 성기를 포

---

[*] 2020년 2월 11일자 〈한겨레신문〉에 게재된 글이다.

함한 신체 외관이 반대의 성으로 바뀌었을 것, 생식 능력을 상실하였을 것, 향후 종전의 삶으로 재전환할 개연성이 없거나 극히 희박할 것, 범죄 혹은 탈법 행위에 이용할 의도나 목적이 없을 것 등을 명시하고 있다. 이뿐만 아니라 제출 의무 서류로 두 명 이상의 정신과 전문의 진단서, 두 명 이상의 인우보증 등을 요구하고 있다. 부모 동의서까지 요구하다가 2019년에야 없어졌다.

A씨는 이 까다로운 성별정정 요건을 모두 통과하여 법적으로 여성의 신분을 보장받았다. 그러나 안타깝게도 A씨는 입학을 포기했다. 함께 공부할 학생들이 A씨의 입학을 공개적으로 반대했으니 다니기로 마음먹기가 쉽지 않았을 것이다. 최근 트랜스젠더에 대한 사회적 의식을 조사한 결과에 따르면, 트랜스젠더 여성에 대해 가장 부정적인 인식을 가진 층은 20대 여성들이었다. 강남역 살인 사건부터 불법 촬영물 유포로 인한 자살로 이어지는 일련의 흐름 속에서, 지배적 남성 권력에 대한 분노가 길을 잃고 사회적 소수자에게 향한 것은 이번이 처음은 아니다. 이 역시 안타까운 일이 아닐 수 없다.

이에 때맞춰 페미니즘이 자기 정당성을 잃어버

리고 있다는 진단과 우려를 쏟아 내는 이들이 적지 않다. 하지만 페미니즘은 늘 그랬듯이 길을 찾아낼 것이다. 132개의 단체가 함께 있는 《차별금지법제정연대》와 함께하는 《한국여성단체연합》 소속의 여성단체들은 "스스로를 여성으로 인식하며 살아왔고 또 살아갈 그녀의 입학은 '교육과정에서 소외된 여성들을 위한 교육기관'으로 설립된 숙명여대의 정신에 비추어도 지극히 마땅한 일"이라며 트랜스젠더 여성의 숙명여대 입학을 환영하는 공동 성명을 냈다. 《관악여성주의학회 달》은 "여성이 인간이라면 트랜스 여성은 여성이다"라는 두고두고 곱씹을 명언을 성명서의 제목으로 썼다. 대학 페미니스트 연합체인 《유니브페미》는 대학의 온라인 익명 커뮤니티에서 다수의 구성원과 다른 모습으로 상정되는 소수자에게 폭력이 집중되는 현실을 고발하며, 안전이라는 감각은 가상의 동일성이 아닌 우리가 서로의 "다름과 낯섦을 직시하며 고민과 대화가 이어지는 과정"에서 획득될 수 있는 것임을 분명히 했다. 2020년 2월 10일 현재, 《언니네트워크》를 비롯한 233개 단체와 2,882명의 개인은 "출생 시 지정된 성별에 따라 삶의 공간, 범위, 형태가 결정된다는 전제를 의심하고 그것을 넘어서려는 도전이 바로 페미니즘"이며 "자신과 공동체의 더 나은 삶을 고민해 온 모두가 우리의 동료"라는 선언을 이어 가고 있다. 《한국성폭력상담소》는 "트랜스젠더 여성이 여성으로서의 자격이 있느냐"는 질문은 곧 성폭력 피해자가 듣는 질문이기도 했다는 점을 적실하게 지적하며, 여성에 대한 성폭력이 만연한 사회에서 우리는 성폭력의 심각성을 알리는 동시에 여성에 대한 보호와 통제를 '안전'이라는 이름으로 실행하려는 것에도 맞서야 한다고 말했다.

환대의 메시지도 있었다. 숙명여대 동문 764명은 학교 당국이 모든 학생에게 안전한 환경을 만들기 위해 노력해 달라며 A씨를 환대하는 성명을 발표했다. 숙명여대 법학부에 재학 중이라는 한 학생은 개인 성명을 내어, 자신 역시 낯설고 두렵기도 하지만 '합류'를 환영한다고 말했다. 많은 성명서가 반복해서 말하는 메시지는 우리는 결코 무지 속에서 안전하다는 감각을 느낄 수 없다는 것이다. 아마도 함께 지낼 수 있는 기회가 있었다면, 서로에 대해 알게 되었다면 일어나지 않았을 일일지도 모른다. 무지의 공포를 무지에의 공포로 이겨 내자. 인간에게 남은 희망이 있다면 그것뿐이다.

///////////

1
트랜스 여성은 여성이다

누가 '진짜'인가?

트랜스젠더는 '허상'이라고 말할 수 있는 것 자체가 시스젠더의 권력이며 혐오하는 이의 사고방식이다.
당신이 이 사안에 대한 찬반을 논하는 것이 차별과 혐오의 증거이다.

당신의 기준 속에서
과연 누가 여성일 수 있는가
/숙명여자대학교 성소수자인권모임 무럭무럭

지난 1월 30일, 트랜스 여성이 우리 학교에 합격했다는 소식이 들려왔다. 우선 학교의 결정과 당사자의 용기에 찬사를 보내며 합격을 진심으로 축하하는 바이다. 하지만 이런 소식이 전해진 이후, 학교 커뮤니티를 비롯한 인터넷상에는 당사자와 젠더퀴어를 향한 혐오 발언이 난무하고 있다.

어떤 이들은 "생물학적 여성이 아닌 사람은 여성이 아니다"라고 말한다. 생물학적 성별이 염색체와 호르몬으로 결정되는 것이라면, 모든 여성은 자신의 성염색체를 인지해야 하며 또한 모두 같은 비율의 호르몬을 가져야 한다. 하지만 호르몬의 비율은 개인마다 다르기 때문에 '생물학적 여성'은 하나로 묶기 어려운 모호한 범주이다. 우리가 알고 있는 생물학적 여성과 남성은 사회가 임시로 정한 기준일 뿐이다. 또한 "생물학적 성별인 지정성별은 여성의 정체성과 관련이 있다"는 주장은 오히려 이분법적인 성기 환원주의를 공고히 한다.

트랜스 여성은 당신에게 '여성성'을 증명할 의무가 없다. 젠더는 타인이 찬성이나 반대를 할 대상이 아니라 그 자체로 이미 존재하는 정체성이다. 세계보건기구WHO는 이미 2018년에 트랜스젠더를 정신 질환 목록에서 제외하며 이를 인정하였다. 트랜스젠더는 '허상'이라고 말할 수 있는 것 자체가 시스젠더의 권력이며 혐오하는 이의 사고방식이다. 혹여 당신이 젠더퀴어 당사자이더라도 타인의 젠더 정체성에 대해 왈가왈부할 권리는 없다. 당신이 이 사안에 대한 찬반을 논하는 것이 차별과 혐오의 증거이다. 지금 학내 커뮤니티에서 일어나는 일은 또 다른 소수자 혐오일 뿐 인권 운동이 아님을 명심해야 한다.

숙명여자대학교는 "교육과정에서 소외되고 배제되는 여성을 위한 대학"으로 창립되었다. 이번 입학 허가는 이러한 창립 정신에 어긋나지 않는다. 트랜스 여성은 교육과정에서 배제되고 있다. 학교는 학생 개인의 호르몬 치료나 수술을 배려하지 않기 때문에, 적극적인 트랜지션 과정을 거치는 이는 정규 교육과정에서 벗어나기 쉽다. 또한 한국의 교육과정은 시스젠더 중심적으로 운영되기 때문에 젠더퀴어가 본인의 모습을 드러낼 수 없는 혐오·차별적 환경을 조성한다. 이는 트랜스젠더 개인이 스스로 국가의 보호에서 벗어나게끔 만들며, 비트랜스인과 같은 교육을 받을 권리를 침해한다.

우리는 모두 권력자인 동시에 약자이고 소수자이다. 인권 운동은 모든 인간이 권리를 보장받기 위한 투쟁이지 서로의 권리를 침해하는 파이 싸움이 아니다. 그렇기에 당신이 가진 모든 정체성 중 가장 먼저 '챙겨야' 하는 정체성은 존재하지 않는다. 흑백논리에 의해 내 편과 네 편을 구분하는 사회 운동은 본래의 목적을 잃어버릴 수밖에 없다.

지금 이 순간에도 당신 바로 옆에서 숨 쉬고 있는, 트랜스젠더를 포함한 모든 젠더퀴어는 당신이 외치는 바로 그 기준에 의해 고통당하며 생명을 위협받는다. 당신 옆에 이미 재학 중인 트랜스젠더를 포함한 수많은 젠더퀴어가 존재함을 기억하라. 학우를 향한 혐오와 사이버불링이 난무하는 상황에서 부끄러움은 누구의 몫인가. 이번 사태를 계기로 숙명여대가 더욱 퀴어프렌들리queer-friendly한, 트랜스젠더를 포함한 젠더퀴어에게 안전한 공간이 되길 바란다.

2020. 2. 3.

안전은 '같음'을 종용하는 방식이
아닌 서로의 다름이 온전히
받아들여지도록 노력하는 순간에야
비로소 형성될 수 있는 감각이다.

동일성이라는
가상의 울타리 바깥에서
/유니브페미

2, 4, 6이라는 숫자는 언제나 1, 3, 5보다 뒤에 온다. 2020년에도 명징한, 주민등록번호 뒷자리에 녹아 있는 젠더 위계는 차별과 폭력을 낳고 있으므로 2, 4, 6에 해당하는 이들을 위해 설립된 여대의 존재가 '역차별'이라는 외부의 주장은 말소되어야 마땅하다. 하지만 여대 재학생이 확실하게 공통으로 지니고 있는 것은 2, 4, 6 중 하나의 숫자일 뿐이라는 점에서, 여대가 그 자체로 동질적이고 안전한 공간이라는 믿음 역시 착각이다. 사회를 이루는 구성원의 모습이 고정적이지 않은 것처럼 여대의 구성원도 각기 다른 경험과 정체성, 가치관을 지닌다. 또 학생 이외에도 교직원이나 청소·경비 노동자를 비롯한 많은 이들이 그 공간을 구성하고 있다. 따라서 완전한 동일성의 확인은 불가능하며, 오히려 안전은 '같음'을 종용하는 방식이 아닌 서로의 다름이 온전히 받아들여지도록 노력하는 순간에야 비로소 형성될 수 있는 감각이다.

여대에서 트랜스젠더는 '충분히 안전한' 학교를 감히 침범한 침입자로 여겨진다. 대학의 온라인 익명 커뮤니티에서는 다수의 구성원과 다른 모습으로 상정되는 소수자에게 폭력이 집중된다. 가상의 단일한 정체성에서 멀어질수록 이러한 폭력의 대상이 된다. 시스젠더 여성 각각의 모습이 다르듯 트랜스젠더의 모습도 모두 다름에도 불구하고, '여성 혐오적 존재'라는 낙인이 찍힌 그들은 학내 커뮤니티에서 지속적으로 타자화된다. 트랜스젠더뿐 아니라 단일하지 않은 모습을 지닌 모든 이들이 커뮤니티 안에서 이러한 타자화의 과정을 겪는다. 여남공학 대학에서 페미니스트는 "페미는 정신병" "페미◯들 빨리 다 뒤졌으면" "응 페미 안 사" "페미 총살하고 싶음" "이러다 페미들한테 학교 넘어간다" 등의 말로 조롱받고 공격받는다. '충분히 공평한' 학교에서 불필요한 분란을 일으키는 외부자로 취급되는 것이다. 타자를 향한 폭력은 모순적이게도 안전과 공평이라는 명목으로 정당화된다.

이제 텍스트 속의 납작한 묘사에 누군가의 삶을 가두지 말자. 단일한 정체성에 대해 함부로 상상하는 것은 그만두자. 차라리 다름을 맞닥뜨릴 때의 공포와 불안, 낯섦을 직시한다면, 그 감정이 어디에서 비롯되는지 규명하는 고민과 대화 속에서 어쩌면 우리는 안전을 감각할 수 있을지도 모른다. 1, 3, 5라는 숫자가 아니라 1, 2, 3, 4, 5, 6이라는 구획과 순서 매김에 집중한다면, 더 이상 스스로와 서로를 검열하고 재단하는 관계가 아니라 무엇이 그러한 검열과 재단을 낳았는지 함께 질문하는 관계를 형성할 수 있을 것이다. 언제 바깥으로 쫓겨날지 알 수 없는 울타리는 이만 페미니즘의 이름으로 헐어 내고, 서로 다른 모습을 한 존재가 나만큼 특별하고 그만큼 평범한 구성원이라고 믿어지는 세계로 나아가자. 우리는 동일성이라는 가상의 울타리 바깥의 특별하고도 평범한 모든 신입생을 환영하는 페미니스트다.

2020. 2. 5.

다양성과 이질성이 만들어 내는
모순을 '같은 여성'이라는 말로
단순화하는 대신 차이를 드러내며
질문할 때 공감-연결-확장-해방의
순간이 찾아온다. 옳다고 믿고
있었던 것들에 대한 질문과
도전이 우리의 힘이다.

우리는 '자격 없는' 여성들과 세상을 바꾼다

/한국성폭력상담소

숙명여대에 신입생으로 트랜스젠더 여성이 입학한다고 보도된 이후, 일부 사람들이 해당 신입생을 비롯한 트랜스젠더에 대한 혐오를 페미니즘의 이름으로 쏟아 내고 있다. 이들은 트랜스젠더 여성은 여성이 아니라 남성일 뿐이고, 해당 입학은 '여대'라는 생물학적 여성들의 공간을 침입하는 것이며, 궁극적으로 여성 인권에 위협이 된다고 말하고 있다. 심지어 법원은 성별변경 신청을 기각하고, 국회는 성별변경 불가에 관한 법률을 제정하라며 반인권적인 조치를 주장한다.

트랜스젠더를 혐오하며 여성 인권을 말하는 사람들은, 세상은 여성과 남성 두 성별로만 이루어져 있고, 성기의 외형에 따라 지정된 성별이 억압의 근원이며, 여성 자격이 없는 사람은 여성들의 공간에 들어올 수 없다고 주장한다. 왜냐하면 여성은 가장 억압받는 약자이고 피해자이기 때문이다. 그러나 "의

심할 만한 어떠한 결함도 없어야 한다"는 기준은 누구의 시각인가? 우리가 만나는 여성들은 규범과 탈규범, 특권과 차별, 가해와 피해 사이에서 선택하고 협상하면서 살아가고 있으며, 이것은 다양한 행위와 위치를 만들어 낸다. '자격 없는 여성'은 트랜스 여성만이 아니다. 자격에 대한 심판은 때로는 성폭력 피해자, 성매매 여성, 기혼 여성, 이성애자 여성에게도 향하며 그녀가 말할 자격, 존재할 자격을 박탈한다. 결국 자격 심판은 여성과 약자를 향하고 성별 규범을 강화한다. 성별 이분법의 강화는 여성에 대한 차별을 공고히 한다.

하지만 우리는 이질적인, '자격 없는' 존재들과 함께 싸우며 더 나은 세상을 만들어 왔다. 이 사회가 성폭력 피해자에게 "왜 그때 싫다고 하지 않았는가? 왜 술집과 모텔에 따라갔는가?"라고 질문하며 피해자의 행동이 모순적이라고 비난할 때, 우리는 피해자와 함께 투쟁했다. 왜 모순이 발생하는지, 왜 그 속에서 살아왔는지 탐구하고 설명하면서 새로운 언어를 만들어 냈다. 충분히 그럴 수 있는 일이라며 피해자의 행동을 이해하고 공감해 왔다. 존재에 대한 비난을 사회에 대한 질문으로 바꾸며 한 걸음씩 나아갔다.

　　매끄럽지 않은 현실에서 우리의 언어는 때로 산발적이고 이중적이다. 페미니즘은 우리의 현실과 우리가 원하는 미래를 설명할 때 '여성'을 하나의 정체성으로 묶어서 호명하기도 한다. 그러나 페미니즘의 역사에서 여성들 사이의 '차이'가 부정된 적은 없다. 여성임이 피해를 경험하는 이유가 되고 '남성성'이 성폭력 가해의 원인이 되지만, 여성을 잠재적 피해자, 당연한 피해자, 영원한 피해자로 대하지 않는다. 여성이 가해자일 리 없다고 생각하지도 않는다. 피해자의 말이 그 자체로 옳다고 여기지도 않는다. 피해자는 고정된 존재가 아니라 '인식'하고 '저항'하며 '변화'하기 때문이다.

　　여성에 대한 성폭력이 만연한 사회다. 우리는 성폭력이 심각한 문제라고 알리는 동시에 '안전'을 추구한다면서 이루어지는 보호와 통제에도 맞선다. "여성이 조심해야 한다. 남성은 펜스 룰을 지켜라"라고 말하는 대신 폭력에 맞서는 방법을 연습하며 대응 역량을 키운다. 공포는 강간 문화가 만들어 낸 산물이며, 여성의 삶과 몸을 통제하는 방식으로 부추겨진다는 사실을 알아차린다. 그럼으로써 두려움을 우리가 맞닥뜨린 실체 있는 무언가로 구체화한다. 실재하는 공포와 안전해지고 싶은 간절한 욕구 앞에서 배제와 추방은 가장 힘 있는 해결책처럼 보인다. 하지만 우리는 혐오와 차별을 선택하지 않고, 스스로를 가두지 않으며, 침범과 폭력에 대응하는 힘을 길러 왔다.

다양성과 이질성이 만들어 내는 모순을 '같은 여성'이라는 말로 단순화하는 대신 차이를 드러내며 질문할 때 공감-연결-확장-해방의 순간이 찾아온다. 힘 있는 여성 운동은 차별과 폭력을 말하는 동시에 스스로에게서 힘을 박탈하지 않는다. 옳다고 믿고 있었던 것들에 대한 질문과 도전이 우리의 힘이다.

2020. 2. 6.

사회적 차별과 편견은 소수자의
신체적·정신적 건강을 위협한다.
트랜스젠더에 대한 혐오의
시선은 젠더 이분법에서 벗어난
모든 존재의 건강을 위협한다.

소수자가 건강해야 사회도 건강하다
/인도주의실천의사협의회

트랜스젠더 여성이 숙명여자대학교에 합격했다. 그녀의 합격 사실이 언론을 통해 전해진 것은 그녀의 뜻에 의해서였다. 우리는 정체성을 당당히 드러낸 그녀의 결정을 지지한다. 그녀의 합격은 '트랜스 여성'이라서가 아니라 여느 누구의 합격과 다름없이 축하받아야 할 일이다. 한편 우리는 트랜스젠더 여성의 여대 입학을 반대하는 일부 여론에 우려를 표하며 다음과 같은 입장을 밝힌다.

첫째, 트랜스젠더 혐오에 반대한다. 트랜스젠더 여성의 여대 입학을 거부하는 이들은 자의적으로 '진정한 여성'의 범주를 구성하고자 한다. 그러나 젠더는 성기의 모양이나 외양, 유전자 등으로 구분할 수 없다. 출생 당시 타인에 의해 여/남으로 판별되는 이분법적 성별(지정성별) 또한 젠더를 규정하는 근거가 될 수 없다. 세계보건기구WHO와 미국정신의학회APA에서는 '트랜스젠더'를 정신 질환에서 제외했다. 치료받아야 할 질병이 아니라 다양한 정체성의 하나로 인정한 것이다. 혐오 세력으로부터 오인되는 '젠더 디스포리아'라는 개념도 외부의 기준이 아닌 주관적인 불편감으로 정의되며, 성 정체성이 개인적인 경험에 따르는 것임을 인정하고 있다.

둘째, 트랜스젠더 여성 차별은 여성 연대를 약화시킨다. 동질적인 여성 집단을 구성하려는 시도는 여성 내의 차이를 비가시화한다. 지정성별 여성 범주가 개인이 경험하는 젠더와 항상 일치하는 것도 아닐뿐더러, 여성 집단 안에서도 개개인은 다양한 젠더를 경험한다. 스스로를 '여성'이 아니라고 생각하는 사람, 여성과 남성 어디에도 속하지 않는다고 생각하는 사람은 이미 여대 안에 존재한다. 트랜스젠더 여성을 여성으로 인정하지 않겠다며 '여자'대학 입학을 막는 것은 지정성별 여성 범주 안에서의 개개인의 젠더 경험을 부정하는 것이다. 이는 다양한 젠더 스펙트럼 안에서 살아가는 여성들의 연대를 약화하는 효과를 낳을 뿐이다.

셋째, 소수자가 건강해야 사회도 건강하다. 우리는 소수자가 건강해야 진정으로 건강한 사회라고 생각한다. 사회적 차별과 편견은 소수자의 신체적·정신적 건강을 위협한다. 숙명여대 사건처럼 트랜스젠더에 대한 혐오의 시선은 입학 예정인 트랜스젠더 여학생뿐만 아니라 이 사건을 바라보는, 젠더 이분법에서 벗어난 모든 존재의 건강을 위협한다. '진정한 여성'이라는 이름 아래 소수자를 배제하는 혐오 세력과 그에 동조하는 언론은 당사자를 더욱 고립시키며, 나아가 우리 사회의 건강조차 심각하게 위협한다.

그녀는 국내 첫 트랜스젠더 변호사인 박한희 변호사를 보며 법대 진학을 결심했고, 변희수 육군 하사*의 용기에 힘입어 여태 가시화되지 않았던 트랜스젠더라는 존재를 다시 한번 증명했다. 박한희 변호사와 변희수 하사가 그녀의 용기가 되었듯이 그녀 또한 다른 누군가의 용기가 될 것이다. 이 용기들이 모여 더 평등하고 건강한 세상을 이루어 나가기를 기대하며, 그녀에게 지지와 연대의 박수를 보낸다.

2020. 2. 6.

---

* A씨의 숙명여대 합격 소식이 알려지기 직전인 2020년 1월 22일, 육군은 군 복무 중 성전환 수술을 받은 변희수 하사를 강제로 전역시켰다. 이 과정에서 변희수 하사는 스스로 자신의 이름과 얼굴을 공개하며 군인으로 남고 싶다고 밝혔다.―엮은이

여성의 힘은 모세 혈관처럼 퍼진 가부장제의 모든 전선에서 각기 다른 경험을 하는 여성들이 현실에 대해, 그것을 바꿀 방법에 대해 스스로 생각하고 규정할 자유를 가질 때 비로소 확보된다.

여성이 인간이라면 트랜스 여성은 여성이다

/관악여성주의학회 달

1

이제 정치적으로 책임감 있는 한국의 페미니스트들은 사회적 소수자를 둘러싸고 동시에 펼쳐지는 '두 개의 전선'이라는 현실을 일상적인 것으로 받아들여야 한다. 하나의 전선은 그들이 이미 오랫동안 싸워 온 모든 페미니즘의 기본적인 전선, 즉 우리나라의 독특한 역사적 맥락 속에서 젠더 이분법과 이성애 중심주의를 통해 여성을 전방위적으로 통제하고 폭력적으로 복속시켜 온 가부장적 세력들에 맞선 전선이다. 반면 다른 하나의 전선은 이른바 '페미니즘 리부트'를 통해 본격화된 것으로서, 보수적이고 전통적인 정치학에 맞서는 모든 진보적이고 급진적인 정치학의 전선이다. 그것은 페미니즘을 매개로 국적을 넘나들며 쌓여 온 모든 이론적 성과와 정치적 연대를 퇴보시키고 약화시키려는 반동적 정치학에 맞서는 전선이다. 그것은 한국 사회의 주류적인 여성만을 절대적 기준으로 삼는 협소한 페미니즘을 비판하고, 다양한 전장에서 벌어지는 운동들의 현실적 파급력을 함께 복원하는 전선이다. 저항의 관점에서 후자는 최소한 전자만큼이나 시급하다. 무엇을 위해 싸우는지 알지 못하는 이가 세상을 더 나은 곳으로 바꿀 수는 없기 때문이다.

왜 여성 젠더를 궁극적으로 염색체의 이분법으로 이해하는 정치학이, 심지어 종종 페미니즘의 이름을 걸고 여성들 사이에서 통용되고 있을까? 어떤 여성은 그저 어쩌다 국가에 의해 여성으로 지정된 채로 태어난 이들만의 안온하고 정체된 천국을 꿈꾼 잘못 밖에 없을 수도 있다. 어떤 남성은 지금이 기회다 싶어 그 여성과 그녀의 공동체를 다시 혐오하기도 하고, 또 어떤 남성은 이때다 하고 트랜스 혐오에 맞장구친다. 견고한 젠더 이분법의 질서 속에서, 이 각양각색의 욕망들은 트랜스 여성의 소외와 억압을 낳으며 자신도 모르게 맞물려 작동하고 있다. 이런 상황이 페미니즘의 확장에 도움이 되기는커녕 해만 끼친다는 것을 우리는 이제 분명히 해야 한다. 트랜스 여성의 경험이 여성의 경험이 되지 못하는 획일적인 페미니즘에서 그 누가 '진짜 여성'이 될 수 있을까. 트랜스 여성 다음에는 이주 여성과 유색인종 여성이, 그 다음에는 장애 여성과 여성 청소년이, 그다음에는 여성 노동자와 빈곤층 여성이, 결국 '순수한 여성 염색체'를 규정할 권력을 가진 한국의 표준적 여성에 의해 자매의 자격을 의심받고 박탈당할 것이다.

2

우리의 자매들 중 일부는, 우리가 여성들의 안전한 공동체라는 최소한도의 요건만을 가장 완벽한 형태로 보장받아야 한다고 주장한다. 이제 실제 여성들의 복잡다단한 현실 경험을 해석하는 작업은 국가가 '객관적' 기준을 갖고 지정해 준 성별에 순응하는 문제로 축소된다. '국가가 허락한 여성'만이 참여하는 페미니즘은 이미 권력을 가진 자와 권력을 획득하려는 자 중 누구에게 더 이득이 될까? 여성의 본질이 염색체 한 쌍이라는 '생물학적' 사실에 불과하다면, 어떤 남성은 너무도 손쉽게 그것을 대상화하고 통제하고 수단화하지 않을까? 이것이 단순히 '도덕적'인 걱정일 뿐만 아니라, 온 역사를 통틀어 재생산권과 자기 결정권을 박탈당해 온 선배와 어머니들의 경험에 근거한 '정치적' 판단임을 왜 그녀들은 믿지 않으려 할까?

어쩌면 그녀들은 다른 자매의 노동권과 학습권을 희생해서라도 'XX 염색체의 왕국'이라는 환상을 붙들려는 것이 아닐까?

하지만 이 천년왕국에 대한 일부 여성의 향수는 명백히 방향을 잘못 잡은 욕망에 지배받고 있다. 그 욕망으로 인해 여성의 복잡다단한 경험은 철저히 주류의 필요에 맞게 편집되고 취사선택되며, 염색체를 들먹임으로써 기어이 단 하나의 표준을 갖게 된다. 페미니즘의 심화와 확장에 필수불가결한 트랜스 여성의 입장은 이제 철저히 검열되고 삭제된다. 트랜스 여성은 자신의 존재를 유지하는 데만 수천만 원의 돈을 쏟아부어야 한다. 변희수 하사의 사례에서 보듯, 성전환을 하더라도 안정적인 직장을 잡기조차 쉽지 않다. 그녀들은 다양한 방식으로 시민권을 박탈당한 채 미비한 의료적 지원과 곤궁한 경제적 상황에 시달린다. 심지어 평균적으로 더 일찍 목숨을 잃게 된다. 그 죽음 중 적지 않은 수가 '페미사이드femicide'이기도 하다. 이토록 가혹한 세상에는 트랜스 여성보다 무서운 것이 정말 많다. 권력자가 자신에게 부여한 존재 규정을 내면화하려는 유혹, 타인의 인생을 밟고 올라서라도 당장 야간의 권력을 확보하려는 유혹 같은 것 말이다.

물론 트랜스 여성의 삶도 단일하지 않다. 그녀들의 객관적 상황도, 주체적 선택도 현실에서는 모두 다른 양상으로 전개될 것이다. 누군가는 수술을 받지 않을 것이고, 누군가는 꾸미지 않을 것이다. 누군가는 트랜스젠더가 아니라 논바이너리로, 젠더퀴어로, 혹은 드래그 퀸으로 자신을 소개할 것이다. 어떤 트랜스 여성은 단지 자신의 영혼의 부름에 진실되게 응답했다는 이유만으로 지금도 성 착취를 당하고 또 살해되고 있다. 사태의 본질은, 지금 우리의 페미니즘은 그들의 실제 고통이나 가치관에 대해 전혀 알 필요가 없는 권력의 위치로부터 출발한다는 것이다. 사태의 본질은, 우리의 페미니즘이 트랜스 여성이 아닌 여성들의 젠더에 대해 잘 아는 것도 아니라는 것이다. 또한 사태의 본질은, 동등한 의사소통의 기회 자체를 박탈당한 다른 여성 집단을 그 누구보다도 손쉽게 남성으로 규정짓고 여성의 적으로 세울 수 있는 '페미니즘'이란 그저 비장애-중산층-시스젠더-이성애자-내국인 여성의 주류적인 취향과 코드에 불과할 뿐이라는 사실이다.

3

사회화의 경로를 똑같이 거치지 않았다는 이유만으로 타인의 영혼이 말살된다. 누군가는 그녀를 악마라 하고, 누군가는 그녀를 피해자라 한다. 하지만 그들 중 누구에게도 그런 말을 할 자격은 없다. 정당한 분노와 정당한 공포가 갈 길을 찾지 못한 지도 너무 오랜 시간이 지났다. 물론 상황이 이렇게 되어 버린 일차적인 책임은 결코 여성들에게 있지 않다. 2016년의 강남역을 기억하는가? 단 한 번도 여성을 대상화하거나 동원하지 않은 적이 없었던 국가를 상대로, 동시대의 여성들은 역사에 전례가 없는 페미니즘의 '공동체'를 창출해 냈다. 시대는 젠더화된 노동 시장과 위계화된 친밀성을 그대로 둔 채 모두를 각자도생에 빠뜨렸으며, 더 이상 저항과 연대가 필요하지 않은 '포스트-페미니즘'의 도래를 선언했다. 그러나 삶은 여전히 흘러갔고, 말해지지 못한 경험은 여전히 아팠으며, 누군가는 희생당하고 있었다. 여성들은 선언했다. "잠깐, 그렇기에 공동체는 여전히 필요하고 또 가능하다. 그것은 페미니즘의 공동체여야만 한다."

이후 페미니즘의 핵심적인 과제 중 하나는, 부정할 수 없는 실체이자 힘으로 등장하여 수많은 사람들의 삶을 돌이킬 수 없이 변화시킨 이 '공동체'를 보호하고 방어하는 것이 되었다. 우리는 그러한 정치학이 긴급히 필요했다는 점을 피부로, 마음으로 느꼈고 잘 알고 있었다. 기존에 정치와 운동을 표방해 온 많은 세력은 우리의 공동체를 진정으로 대변할 능력도, 의지도 없다는 점 역시 잘 알고 있었다. 사회를 바꾸기 위해 실제 권력의 자리에 우리의 일원이 있어야 한다는 사실마저 잘 알고 있었다. 이 과정에서 많은 여성에게 가장 중요한 문제가 된 것은 역설적으로 '공포'였다. 그 누구도 확실성을 제공해 주지 않는 세상에서 그저 믿고 의지하며 공동체가 되었던 우리는, '외부자'가 누구이며 그의 의도는 무엇일지 주의하고 경계해야만 했다. 하지만 이제 우리는 인정해야 한다. 공동체의 보호는 우리의 궁극적 목적이 아니라 단지 수단 중 하나에 불과하다는 사실을. 그것이 종종 우리의 목적을 방해하고 다른 피억압자에게 생채기를 내 온 현실을. 정말로 유의미한 현실의 변화를 위해, 우리는 때로 공동체의 경계를 넘나들며 다른 생각과 다른 행동을 시도할 용기를 가져야 한다는 당위를 말이다.

'염색체 전체주의'는 현실의 여성이 페미니즘을

통해 집단적으로 획득했던 일상의 임파워링과 협상력을 내부 단속과 규율로 대체하고 있다. 여성의 힘은 국가가 허락하고 생물학적 환원론으로 귀결되는 어떤 가상적 계급성으로부터 나오지 않는다. 여성의 힘은 모세 혈관처럼 퍼진 가부장제의 모든 전선에서 각기 다른 경험을 하는 여성들이 현실에 대해, 그것을 바꿀 방법에 대해 스스로 생각하고 규정할 자유를 가질 때 비로소 확보된다. 호기심을 허락하는 용기는 우리를 뜻하지 않은 만남과 연결로, 그리고 어제와는 다른 자매애로 인도한다. 하지만 내부 검열과 경계 긋기가 페미니즘의 전부인 이들에게는 무오류의 명제로 무장된 가상 현실밖에 남지 않을 것이다. 그들은 왜 다른 여성의 이야기를 듣고 그것에 대해 생각해 볼 시간을 가지는 대신, 그녀가 폭력의 주체이며 폭력을 의도한다는 거짓말까지 만들어 내는가? 자유와 책임이 아니라 취향과 선동이 당신의 원칙이 될 때, 그 어떤 가부장이 당신을 진지하게 두려워하겠는가?

변희수 하사의 전역 조치 여부를 논의하던 당시, 국방부는 그 실체조차 불분명한 '여성 부사관의 불편함'을 앞세워 여론전을 펼쳤다. 가부장제의 팔다리와도 같은 군대 조직이 대체 언제부터 여성 이익의 대변자가 되었는가? 오늘날에도 혀를 내밀며 똬리를 틀고 있는 군 가산점제의 정치조차 '그들'의 가부장적 보호에 위탁할 것인가? 공포와 불쾌감이 그 자체로 운동이 될 때, 여성은 자신의 의도와 무관하게 결국 아버지와 선생님, 재판관과 대통령의 권위에 기대게 된다. 이러한 보수화와 투항의 문제는 미국을 비롯한 전 세계의 여성 운동에서 끊임없이 확인되어 왔다. 그것은 새로운 연대를 상상하고 손을 내밀 능력이 없는 모든 운동의 운명이다. 공동의 미래를 파괴하는 자는 누구인가? 이전으로 돌아가지 않겠다던 우리의 위대한 다짐은 이제 어디로 향하고 있는가?

4

3년간 복무해 온 조직에서 '심신 장애' 판정을 받고 내쫓긴 변희수 하사, '동료' 학생들로 인해 학교를 떠나야 했던 익명의 법대 입학생. 이 두 여성을 둘러싸고 이리저리 뒤엉킨 전선 속에서 정작 가부장제는 너무나 '정상적'으로 운영되고 있다. '정상적'인 남성은 혐오하고, '정상적'인 여성은 분열하며, 정상 범주를 벗어난 소수자는 고독하고 괴롭다. 그렇기에 우리는 더더욱 순수한 염색체의 가상적인 계급 공동체가 아니라, 현실의 가부장제를 철폐할 수 있는 연결과 확장을 모색해야 한다. 물론 젠더 이분법은 단일한 방식으로 작동하지 않기에 그것의 다양한 작동 방식을 충분히 구별해 가며 살펴보아야 한다. 하지만 그러한 구별은 트랜스 여성의 존재를 박탈하는 것이 아니라, 오히려 그녀의 경험과 입장을 경청함으로써 가능해진다. 페미니즘은 여성의 경험을 다양화하고 여성 대표성의 범위를 확장해야 하며, 그것만이 우리에게 주어진 올바른 선택지이다.

평등, 해방, 폭력 철폐를 현실의 세상에서 이루어 내려는 책임감을 가진 페미니스트는 지금 이 중대한 순간에 우리의 원래 목표를 제대로 확인하기만 하면 된다. 더 이상 여성이 억압받고 희생당하지 않도록 세상을 재조직하고자 한다면, 한 쌍의 염색체와 그것의 평균적인 생체적 효과로 여성을 환원하는 질서 자체를 뒤집어야 한다. 국가의 울타리 속에서 길들여지기로 '선택'한 여성은 그 질서를 강화할 것이다. 반면 자기 자신을 스스로 규정하고 그것을 지킬 용기를 가진 여성은 질서를 뒤엎는 새로운 공동의 세계를 창출할 것이다. 자신의 헌신을 있는 그대로 인정받기를 요구하는 어떤 부사관, 내년 이맘때에는 보란 듯이 다시 꿈꾸고 희망할 어떤 법조인 지망생처럼 말이다. 트랜스 여성을 '여성 계급'의 적으로 만들면 현실의 문제가 해결될 것처럼 우리를 속이는 이 환상의 왕국을 우리 손으로 무너뜨리기 전에는 그 어떤 전략도, 자매애도, 윤리와 공동체도 가능하지 않다.

    우리의 목적은 윤리적이어야 하며, 우리의 수단은 합리적이어야 한다. 《관악여성주의학회 달》은 '모두에게 안전한 공동체'를 지향한다. 또한 《관악여성주의학회 달》은 '사회 전반의 가부장제'를 철폐하는 것을 목표로 한다. 트랜스 여성이 모든 인간에게 주어져야 마땅한 존엄과 자유를 확보할수록, 여성을 그저 염색체로 환원하고 젠더 이분법과 이성애 질서에 종속시키는 가부장제는 위협받는다. 따라서 그녀가 여성이 되고, 페미니즘의 주체가 되며, 사회에 당당히 기여하는 시민으로 거듭나는 그 모든 과정을 지지하는 것은 《관악여성주의학회 달》의 의무이자 임무이다.

2020. 2. 8.

무균실로서의 공동체를 만드는 것은 불가능하다. 오히려 여성 간의 차이가 남성만큼 제대로 다루어질 때, 여성이 보편적 인간이 되어 불평등한 사회 구조에서는 상상할 수 없던 새로운 가능성을 모색하고 사회의 새 기초를 이끌어 나갈 수 있다.

차별과 배제는
위험을 해결해 주지 않는다
/공공운수노조 전국대학원생노동조합지부 충청지회 준비모임

우리는 보통 알지 못하거나 통제할 수 없는 무언가를 마주할 때, 밖은 위험하고 안은 안전하리라 기대하며 '위협'에 대응한다. 요즘 유행하는 신종 코로나바이러스의 위협에 일군의 사람들은 '인종주의'적 방식으로 사태를 해결할 것을 주장한다. 중국에 다녀온 사람을 격리하고, 편의점도 못 가게 하고, 입국을 막는 등 위험해 보이는 인종의 자유를 최대한 억압하면 문제가 해결될 것이라고 믿는다. 역병이 퍼지는 상황에서 벌어지는 중국인에 대한 한국인의 차별, 동양인에 대한 미국인의 혐오 범죄는 위험의 원인으로 특정 인종을 지목하고, 그 집단을 통제하고 관리함으로써 위험을 제어하려는 아주 단순한 틀에서 출발한다. 하지만 바이러스 전파를 막으려는 목적만 생각한다면 인종은 중요하지 않다. 정부가 의심환자의 경로나 의학적 상태를 제대로 파악하고, 질병에 취약한 처지에 있는 사람에게 의료 서비스를 지원하고, 개개인이 위생에

신경 쓴다면 사회가 바이러스 전파와 피해를 최소화하기 위해 할 수 있는 일은 충분히 하는 것이다. 특정 인종을 재단하고 가둬 둔다고 질병의 전파 속도가 줄어들지 않음에도, 박쥐가 직접적 감염 요인이 아니라고 밝혀졌음에도, 우리가 특정 인종을 자꾸 병균으로 상상하는 것은 불확실성 자체를 참을 수 없기 때문이다.

성별 이분법 체제하에서의 위협도 사람을 구분하는 방법으로 관리된다. 여성과 남성을 사회적, 공간적으로 분리하면 위협이 사라진다고 믿는다. 시스젠더 남성의 게이 혐오도, 시스젠더 여성의 MTF 트랜스젠더 혐오도 자신이 결코 대상화되지 않는 균질한 공간을 상상하기 때문에 발생한다. 남성 중심의 사회에서 우리는 남성의 폭력을 성적이라고 이해해 왔지만, 그것이 젠더와 섹슈얼리티의 전부는 아니다. 젠더와 섹슈얼리티 영역에서의 불평등과 폭력을 사회적 의제로 만들고 토론할 수 있을 때, 시스젠더 남성의 성차별과 성 착취에도 대응할 수 있다. 물론 사회의 주류인 남성을 제외한 여성만의 공간을 마련하는 것은 성차별적 사회에서 여성의 주체성을 보장하는 데 매우 필요하다. 그러나 무균실로서의 공동체를 만드는 것은 불가능하다. 오히려 여성 간의 차이가 남성만큼 제대로 다루어질 때, 여성이 보편적 인간이 되어 불평등한 사회 구조에서는 상상할 수 없던 새로운 가능성을 모색하고 사회의 새 기초를 이끌어 나갈 수 있다고 믿는다.

한편으로 트랜스젠더 혐오는 시스젠더 여성만 하는 것이 아니다. 위와 같은 균질성의 추구와 폭력적 배제, 여성 혐오를 통해 달성되는 내부 결속은 대다수의 시스젠더 남성이 전형적으로 행해 오던 악습이다. 균질성과 폭력성을 통한 유대감 강화는 여성을 넘어 여성적인 것까지 모두 배제했고, 이런 분위기 속에서 당연히 MTF 트랜스젠더는 아주 폭력적으로 배제됐다. 시스젠더 남성 사회는 여성적인 것을 무능한 것으로 여겨 항상 마음속에서 배제하도록 했으며, 여성적인 남성과 MTF 트랜스젠더에 대해 심한 경우 살의에 가까운 적대감을 갖도록 종용했다. 또한 시스젠더 남성은 자신의 공동체에서 여성을 배제함으로써 여성 차원에서 이루어지는 MTF 트랜스젠더 혐오의 조건을 제공했다. 시스젠더 여성을 위협적 존재 혹은 자신의 이권을 갈취하는 존재로 낙인찍고, 시스젠더 여성을 배제한 균질한 시스젠더 남성의 공동체를 강화해 왔다. 생리공결제와 같이 시스젠더 여성의 평등한 사회생활을 위해 필요한 장치를 남성에 대한 역차별이라고 이해했으며, 여성은 문제를 스스로 해결할 줄 모른다며 실력 증진의 기회가 되는 중요한 사회적 계기에서 시스젠더 여성을 끊임없이 배제했다. 시스젠더 여성의 지적, 신체적 능력이 뛰어나도 여자가 할 일이 아니라며 재능을 발휘하지 못하도록 방해하고, 신체적으로 약하고 임신과 출산 기간에 일을 하지 않는다는 이유로 채용에서 배제하거나 임금을 적게 주기도 했다.

우리는 위험을 해결하기 위해 친밀한 공동체에 자신을 의탁하지만, 그런 공동체는 공감과 배제를 통해 작동한다. 소수자에게 위험을 전가하는 방식으로 위험을 해결하는 것이다. 그 친밀성의 카르텔이 우리에게 가져다주는 것은 무엇인가. 차별과 배제, 혐오, 그리고 강력한 불안 속에서 피어나는 약간의 기만적 안도감일 뿐이다. 우리가 사회는 안전하지 않고, 친밀한 공동체 밖의 사람들은 위협일 뿐이라고 느끼는 것은 이 때문이다. 우리는 시민성을 함양하고, 평등하고 합리적인 의사소통을 추구하는 '사회'를 구축할 필요가 있다. '사회'는 친밀성의 공동체와 다른 것이다. 통속적인 공동체의 역량은 무언가를 공유하고 공감함으로써 증대되지만, '사회'의 시민적 역량은 불평등을 이해하고 적극적으로 다름을 마주할 수 있는 소통 역량에서 나온다.

숙명여자대학교에 입학하려고 했던 한 여성은 결국 입학을 포기했다. 그녀는 이제 어딘가 다른 곳을 향할 것이고, 또 다른 차별과 마주할 것이다. 그럼에도 불구하고 그녀는 이렇게 말했다.

> 나는 서점 나들이를 정말 좋아한다. 그 다양한 의견의 각축장을 통해 보다 나은 의견은 무엇인지 생각하고, 다른 사람의 의견은 어떠한 근거를 갖는지 찾아보는 행위가 재미있다. 그러나 이러한 즐거움을 얻기 위해서는 자신과 상대방이 같은 사람이라는 것을 인정해야 한다. 성숙한 사람에게 있어 미지의 존재에 대한 공포는 더 알아 가고자 하는 호기심이 되어야지, 무자비한 혐오여서는 안 된다. 혐오는 진정한 문제를 가리고 다층적인 해석을 일차원적인 논의로 한정시킨다. 이러한 무지를 멈출 때에만, 사회의 다양한 가치를 이해하고 보다 건설적인 방향으로 공동체를 발전시킬 수 있다.

모두가 불평등을 마주하지 않고 균질한 공간에서 안전하고자 한다면, 경계로 밀려난 사람은 누구든지 배제되고 차별받게 된다. 입학을 포기한 그녀의 모습은 언젠가 닥쳐올 나의 모습이다. 자신을 위해서라도 우리 모두 그녀의 삶을 응원하자.

2020. 2. 11.

'성별'이란 그 자체로 이미 규범이며,
사회적 억압 체계의 부역자였다.
페미니스트들은 이러한 규범,
성별 이분법을 넘어 각기 다른
개인의 신체를 긍정해야 한다고,
사회적 억압에 의해 통제받지
않아야 한다고 말해 왔다.

페미니즘은 언제나 '정상'이 아닌 여성들과 함께해 왔다

/여대페미니스트네트워크 W.F.N

여성의 본질적인 속성에 대한 규정, 여성의 기준과 질서를 확립하고 이에 걸맞지 않은 존재를 '여성이 아니라고' 말하는 행위. 이러한 행위는 국가 권력으로 인해 통제당해 왔던 여성의 신체를 떠오르게 한다. '정상'이라는 하나의 표본을 기준 삼아 그 외에는 교정의 대상이나 질병 및 장애로 분류하는 사회에서 여성 재생산 정책이 이루어져 왔다. 국가는 성기와 생식 기능을 여성과 남성의 절대적 기준으로 삼고, 여성의 신체를 생식 도구로 환원한다. 새로 태어난 신체의 성기를 육안해부학을 통해 자의적으로 판단하여 여성과 남성이라는 이분법으로 분류하고, '정상'적인 남녀로 파악되지 않는 성기를 지닌 이에겐 교정 수술을 실시한다. 우리는 우리조차 알지 못하는 사이에 담당 의사와 양육자의 자의적 판단에 따라 '여성'이라고 기록된다.

　기록된 우리는 '여성'이기를 요구받으며 '여성'

으로 길러져 왔다. 여성과 남성이라고 규정된 성별은 다양하게 발생하는 신체적, 정신적, 환경적 차이를 이분법적, 성기 환원적으로 범주화했다. 성별 규범은 이에 따른 역할 수행을 강요해 왔다. 생물학에 근거해 오랜 기간 여성을 남성보다 미숙한 존재로 규정지었던 진화심리학자를 위시한 남성 과학자들이 존재했음을 잊지 말라. 통상 과학적이라 일컬어지는 근거를 기반으로 사회는 여성 혐오를 정당화해 왔다. '성별'이라는 개념 자체를 대전제로 확립하고, 이 개념을 통해 여성으로 구별 지어진 존재를 억압해 왔다. '성별'이란 그 자체로 이미 규범이며, 사회적 억압 체계의 부역자였다.

페미니스트들은 이러한 규범, 성별 이분법을 넘어 각기 다른 개인의 신체를 긍정해야 한다고, 사회적 억압에 의해 통제받지 않아야 한다고 말해 왔다. 본질주의적 여성을 소환하는 시도는 페미니즘의 반규범적 기치를 성기로 환원하며, 과학을 근거로 사회적 범주를 확립하고 공고히 만드는 행위라는 점에서 반페미니즘적이다. 여성이라는 범주의 억압을 말할 때, 우리는 신체 기능이나 염색체 여부로 여성의 기준을 세워서는 안 된다. '정상 여성'의 모습을 함부로 상상하지 말라. 페미니즘은 언제나 '정상'이 아닌 여성들과 함께해 왔다.

트랜스 여성이 여성이 아니라는 편협하고 왜곡된 시선에 분노한다. 흔히 다수자는 트랜스젠더의 모습을 상상할 때, 단편적 이미지나 서사를 기준으로 삼아 모든 트랜스젠더가 그러한 모습을 지녔을 것이라고 확신한다. 그러나 당연하게도 트랜스젠더의 정체화 계기와 트랜지션의 동기, 실천의 방식은 각기 다르며 모두가 상이한 서사를 갖는다. 그럼에도 차별주의자는 트랜스 여성이 남성으로 기록된 것을 근거 삼아 그에게 여성의 자격이 없다고 주장하고 있다. 트랜스젠더 당사자를 마주한 이들은 드물다. 그럼에도 다수자는 자신이 상상한 모습을 기반으로 쉽사리 낙인을 찍는다. 그들이 당사자를 만나 본 경험이 드문 이유는 아주 간단하다. 사회가 적극적으로 트랜스젠더를 없는 사람 취급하도록 방기하고 있기 때문이다.

낙인찍고 용인하는 다수자로 인해 없는 취급을 당하는 사람이 스스로 존재를 드러내기는 어렵다. "나 여기 있다"라고 사회에 존재함을 알리기 위해, 사회적 인정 투쟁을 위해 스스로를 드러내는 소수자의 용기와 희생은 당연하지 않다. 드러나지 않은 소수자는 우리 곁에서 여전히 평범한 삶을 영위하고 있다. 자신의 주변에서 소수자성을 확인할 수 없다는 것은, 결국 자신이 그 낙인을 찍고 용인하는 사람이 아닌지 돌아봐야 한다는 일종의 신호이다. 차별에 익숙하지 않은 사람은 없다. 그렇기 때문에 우리는 우리가 모르는 소수자의 존재를 항시 염두에 두고, 사회적 차별의 허점을 인식하며, 이를 탈피하고자 욕망해야 한다.

성별, 성 정체성, 장애(신체 조건), 병력, 학력, 외모, 나이, 국가, 민족, 인종, 피부색, 언어, 종교, 출신 지역, 혼인 여부, 성 지향성, 임신 또는 출산 여부, 가족 형태 및 가족 상황, 사상 또는 정치적 의견, 보호처분 여부, 범죄 전력, 사회적 신분. 우리는 상기된 사항 모두가 차별의 근거가 되는 현실을 살고 있다. 이 사항들은 여성이라는 범주에 속한 개인에게 다양한 층위로 구성된 차별의 경험을 안겨 준다. 그렇기에 여성은 단일 집단으로 설정될 수 없다. 이를 간과하고 그저 구획에만 집중해 여성을 '자격을 지닌' 개인들의 통일된 집단으로 설정한다면, 사회에서 탈락한 개인의 문제를 오로지 여성의 자격 문제로만 평가하게 된다. 이는 여성 혹은 페미니스트가 겪는 차별을 자격으로 환원해 차별의 책임을 사회가 아닌 개인에게 전가한다. 자격 사항을 공고히 하고, 자격을 달성하지 못한 개인이 죄책감을 느끼게 하는 행위는 집단 구성원에게 부정적 효능감을 안겨 준다. 사회 문제는 가려지고 노력하는 개인만 남는 결말. 이렇게 인권을 이야기할 수 있는 사람들이 없어지는 것이 해체이자 예정된 결말이다. 사회적 문제의 해결은 이런 방식으로 이루어지지 않는다. 그 누구도 차별받지 않을 자격을 운운할 수 없다는 사실을 잊어서는 안 된다.

인권은 조각난 파이가 아니다. 인권을 말하는 것은 '사람'의 범주에서 열외된 존재들의, 그렇기에 파이를 얻을 수 없었던 존재들의 투쟁이다. 사람일 수조차 없었던 우리의 연대를 단순한 '밥그릇 다툼'이라는 시선으로 바라보지 말라. 평등을 향한 발돋움을 차별의 언어로 가로막지 말라. 우리 모두가 평등하다는 태도와 삶은 무한한 가치를 가진다. 다양한 존재를 긍정하고 고정되지 않은 개인의 가능성을 믿는 것에서부터 공동체의, 사회의, 세상의 변화가 시작된다. 우리는 우리 안의 규범과 그로 인한 무의식적인 차별의 사고방식을 돌아보아야 한다. 반성해야 한다. 한

계가 있을 수밖에 없는 사고의 틀 안에 존재를 끼워 넣으려 들지 말아야 한다. 다름을 받아들이는 방법을 익혀야 한다. 그렇게 우리를 타자화하고 우리에게 고정된 범주를 씌운 이들의 권위를 해체해 나가자. 우리의 다름을 말하고, 각기 다른 이들이 모두 평등하고 존엄한 존재임을 말하자. 그렇게 세상을 바꿔 나가자.

2020. 2. 11.

////////////

2
트랜스젠더는 어디에나 존재한다

모두에게 안전한
공간을 위해

소수자인 여성에게 성별에 따른 차별 없이 교육받을 권리를 제공하고, 더 많은 여성 지도자를 양성하여 더욱 평등한 사회를 만드는 것, 즉 '차별을 해소하고 평등을 추구하는 것'이 여자대학의 핵심 목표이다.

시대의 요청에 응답할 것인가, 혐오의 편에 설 것인가

/숙명여자대학교 학생·소수자인권위원회

지난 1월 30일, 트랜스젠더 여성 A씨가 우리 대학 2020학년도 신입학 전형에 합격하여 법과대학 입학을 앞두고 있다는 소식이 언론을 통해 전해졌다. 지금까지도 트랜스젠더, 젠더퀴어 등 다양한 정체성을 지닌 사람들이 여대에 존재해 왔다. 그러나 트랜스젠더 여성이 여대에 지원하여 합격했다는 소식이 외부에 알려진 것은 이번이 처음이다. 《숙명여자대학교 학생·소수자인권위원회》는 자신의 정체성을 당당하게 밝힌 A씨의 결정을 지지하며, 노력을 통해 얻어낸 결실에 축하를 전한다. A씨는 스스로를 여성으로 정체화하고 있을 뿐 아니라, 지난해 트랜지션 수술을 완료하였고, 지난 10월 법원에서 성별정정 신청이 완료되어 주민등록번호 뒷자리 또한 변경된 상태이므로 여대에 입학하는 데 문제가 없다.

일부 사람들은 '여자대학'은 '여성으로 태어나 자라 온 사람'만을 위한 공간이라 말한다. 트랜스젠더 여성이 여자대학에 입학하는 행위는 창립 이념에 어긋난다는 것이다. 그러나 여자대학의 창립 이념은 당시 종합대학을 비롯한 교육의 장에서 철저히 배제되어 왔던 소수자에게 교육권을 제공하고자 한 데 있다. 소수자인 여성에게 성별에 따른 차별 없이 교육받을 권리를 제공하고, 더 많은 여성 지도자를 양성하여 더욱 평등한 사회를 만드는 것, 즉 '차별을 해소하고 평등을 추구하는 것'이 여자대학의 핵심 목표이다. 그렇기에 자신을 여성으로 정체화한 트랜스젠더 여성이 입학하는 것은 여자대학의 창립 이념 및 가치를 훼손하는 행위라 할 수 없다. 오히려 그녀의 정체성을 함부로 부정하고, 입학에 대해 찬반을 논하는 행위야말로 그 이념에 어긋나는 것이다. 개인의 정체성은 제3자가 재단할 수 있는 영역이 아니며, 페미니즘의 이름으로 트랜스젠더 여성을 반대하는 것은 명백한 차별이자 혐오이다.

숙명여대의 구성원들은 "시대의 요청에 부응하는 능력 있는 여성 지도자 양성"이라는 교육 이념 아래, 여성 및 소수자의 권리 신장과 사회 변화를 위해 지속적으로 목소리를 내 왔다. A씨는 소수자 권익 보호 활동을 활발히 펼치고 있는, 커밍아웃한 트랜스젠더 여성인 박한희 변호사로부터 용기를 얻어 법과대학 진학을 선택했다고 밝힌 바 있다. 그녀의 선택은 많은 성소수자 학생에게 미래에 대한 희망을 제공해 줄 것이며, 나아가 트랜스젠더에 대한 우리 사회의 인식 변화에도 기여할 것이다. 그녀가 이곳 숙명에서 자신의 꿈을 마음껏 펼치기를 바라며 무한한 지지를 보낸다.

2020. 2. 2.

이러한 사회적 연대의 흐름이
단순히 이번 사건에서 그치는 것이
아니라 더 많은 트랜스젠더, 특히나
교육의 기회를 빼앗기며 사는 청소년
트랜스젠더에게도 닿기를 바랍니다.
많은 트랜스젠더에게 학교란
꿈이기 때문입니다.

트랜스젠더도 마음 편히 다닐 수 있는 안전한 학교를 원합니다
/청소년트랜스젠더인권모임 튤립연대

최근 언론 보도를 통해 성별정정을 마친 한 트랜스 여성이 숙명여대 정시 전형에 최종 합격한 사실이 알려졌습니다. 여대를 포함하여 언제나 어느 대학에나 트랜스젠더 학생이 있었음을 우리는 기억하지만, 트랜스 여성이 여대에 합격한 사례는 그동안 알려지지 않았습니다.

이는 너무나 기쁜 소식입니다. 음지에만 있다고 여겨 왔던, 그리고 실제로 차별과 소외로 인해 특정 공간에는 존재하지 못했던 트랜스젠더가 최근 변희수 하사의 사례와 같이 다양한 공간에 존재할 수 있음을 보여 주었기 때문입니다. 트랜스젠더로서, 또 지지자로서 용기와 헌신에 진심으로 감사드리며 다시 한번 축하한다는 인사를 건넵니다.

하지만 안타까운 점은, 이 소식이 전해진 이후로 도저히 개인에게 가해져서는 안 되는 몰상식한 조롱과 적대가 일어나고 있다는 것입니다. 여성을 위한 공간을 트랜스젠더 학생이 무너뜨린다는 것이 요지인데, 행정적·절차적으로 성별을 정정하여 아무런 문제없이 입학한 학생에 대하여 여성인지 여부를 판단하고 입학 찬반을 논하는 것은 불합리한 폭력에 지나지 않습니다.

이러한 장면이 안타까운 이유 중 하나는, 트랜스 여성이 여성인지에 관한 논쟁보다도 다른 학생들과 사람들이 트랜스젠더 학생을 대우하는 방식에 있습니다. 수많은 트랜스젠더가 트랜스젠더라는 이유로, 혹은 '완전한' 남성이나 여성이 아니라는 이유로 초·중·고등학교 심지어 대학교에서마저 폭력과 따돌림을 겪고 있습니다. 이를 돌아볼 때 이번 상황은 트랜스젠더로 하여금 기시감을 가지게 합니다. 혹자는 이러한 논쟁과 폭력이 "여대에 굳이 들어오지 않았으면 될 일"이라고, 혹은 "여성을 보호하기 위해서"라고 말합니다. 그러나 지금 벌어지고 있는 배제의 방식과 언동을 보자면, 전형적인 학교 폭력 가해자의 양태와 결코 다를 바가 없습니다. 혐오적인 준동을 집단으로 벌이고자 일부 숙명여대 학생들이 단체 대화방을 개설한 사건은 대학생이 벌였다고 보기 어려울 정도로 참담한 일입니다.

그럼에도 불구하고 트랜스젠더를 향한 우리 사회의 환대의 폭은 넓어져만 가고 있습니다. 언제나 그랬듯이 혐오도 일어나고 있지만, 전과 다른 점이 있다면 숙명여대 안팎에서 트랜스젠더 학우를 환영하는 메시지가 봇물 터지듯 쏟아져 나온다는 것입니다. 이 또한 기쁜 소식이 아닐 수 없습니다. 우리는 이러한 사회적 연대의 흐름이 단순히 이번 사건에서 그치는 것이 아니라 더 많은 트랜스젠더, 특히나 교육의 기회를 빼앗기며 사는 청소년 트랜스젠더에게도 닿기를 바랍니다.

많은 트랜스젠더에게 학교란 꿈이기 때문입니다. 트랜스젠더에게 학교에서 겪은 폭력, 학교에 갈 수 없다는 사실은 악몽이고, 마음 편히 다닐 수 있는 안전한 대학은 이상이기 때문입니다. 그렇기에 이번 트랜스젠더 학생의 여대 입학은 너무나 자랑스러운 일인 동시에, 이를 이루기까지 험난한 세월을 보냈을 당사자를 떠올릴 때, 그리고 교육의 기회로부터 소외된 다른 트랜스젠더를 떠올릴 때 안타까운 일이기도 합니다.

하지만 우리는 이번 사건이 뜻하는 바가 트랜스젠더가 겪고 있는 좌절이 아닌 가능성에 가깝다고 생각합니다. 더욱이 당사자가 "다른 트랜스젠더에게 용기가 되고 싶다"라고 말한 점을 돌아볼 때, 트랜스젠더 여대생이 넓힐 우리 사회의 다양성의 폭이 너무나도 기대됩니다.

《청소년트랜스젠더인권모임 튤립연대》도 트랜스젠더 여대생의 곁에서 용기가 되기 위해, 우리 사회 다양한 트랜스젠더 학생의 용기가 되기 위해, 학교를 나왔지만 자신의 삶을 당당히 꾸려 나가는 여러 트랜스젠더 청소년의 용기가 되기 위해, 더욱 평등한 학교를 만들기 위해 노력하겠습니다. 다시 한번 합격을 진심으로 축하합니다.

2020. 2. 3.

강의실에서 함께 수업을 듣는
학우 중에 레즈비언이나
바이섹슈얼이, 에이섹슈얼
혹은 트랜스젠더퀴어가 있다고
생각해 본 적 있는가?

트랜스젠더퀴어는 당신 곁에 존재한다
/숙명여자대학교 퀴어모임 큐홋

트랜스 여성의 숙명여자대학교 입학 허가가 알려진 이후, 학내 커뮤니티에는 "트랜스 여성은 진짜 여성이 아니기 때문에 여자대학에 입학할 수 없다"는 혐오 발언이 난무하고 있다. 이는 당사자뿐만 아니라 숙명여대를 다니는 퀴어 학우에게, 가부장제 해체를 위해 행동하는 다른 페미니스트에게 폭력으로 다가가 고통스러운 상처를 남겼다.

트랜스젠더 혐오를 위해 주장하는 '진짜 여성으로만 구성된 단일하고 안전한 여성 공동체'는 허상이다. 생식 기능을 바탕으로 한 생물학적 분류는 가부장제 사회에 의해 구성되는 불완전한 범주이기 때문에 '진짜 여성'의 기준이 되지 못한다. 《숙명여자대학교 퀴어모임 큐홋》의 존재 또한 '진짜 여성' 범주의 모순을 보여 준다. 강의실에서 함께 수업을 듣는 학우 중에 레즈비언이나 바이섹슈얼이, 에이섹슈얼 혹은 트랜스젠더퀴어가 있다고 생각해 본 적 있는가?

'진짜 여성'을 구별해 내려는 시도는 학교에 이미 존재하는 트랜스젠더퀴어 학우를 지우고, 순수하고 균일한 여성의 모습을 지니지 못한 수많은 학우를 배제한다. "같은 차별을 겪지 않았기 때문에 같은 여성이 될 수 없다"는 주장은 다양한 여성을 분열시키는 근거로서 작동할 뿐이다.

트랜스 여성은 여성이다. 누군가의 성 정체성은 타인에 의해 감별될 필요가 없는, 존중되어야 할 개인의 영역이다. 트랜스젠더퀴어의 존재 자체가 근거이기 때문에 누구도 이를 부정할 수 없다. 존재를 지우고자 하는 당신의 언어는 폭력이다. 이 과정에서 상처받고 무너지는 것은 가부장제가 아니라 퀴어 개인이다. 당신은 왜 소수자 개인에게 책임을 묻는 권력 구조를 답습하려 하는가? 숙명여자대학교에서 함께 수업을 듣는, 실재하는 사람을 향한 혐오 발화를 멈춰라. 혐오는 어떤 이유로도 정당화될 수 없다. 혐오 발언은 그 누구의 인권도 신장시키지 않으며, 그 무엇도 해결하지 못한 채 많은 이들에게 상처만 남길 뿐이다.

《큐훗》은 퀴어 신입생의 입학을 환영하며, 지배규범에 대항해 새로운 정체성을 탐구하는 모든 트랜스젠더퀴어와 함께할 것이다. 숙명여자대학교가 퀴어에게 안전한 공간으로 인식되기를, 그들이 배움에 있어 차별받지 않는 공간이 되기를 간절히 바란다.

2020. 2. 3.

학교의 행정 주체는 혐오와
배제에 근거한 민원이나 반발을
기계적으로 수용해선 안 됩니다.
인권과 평등이라는 숙명의 비전에
중심을 두고, 모든 학생에게
안전한 환경을 만들기 위해
노력해야 합니다.

숙명여대에 최종 합격한 성전환자 학생을 동문의 이름으로 환대한다

/숙명여자대학교 동문 일동(유영주 외 763명)

숙명 동문은 성전환이라는 과정을 거쳐야 했던 여성의 2020년 숙명여대 최종 합격을 환영합니다. 그녀는 본교의 입학에 필요한 점수와 절차적 조건을 갖추고 당당히 합격했습니다. 또 사회적 소수자로서 위축되지 않고 다른 소수자와 연대하고 싶다며 이 사실을 알리는 용감한 결정을 했습니다. 성소수자에 대한 혐오와 차별의 문화가 공고한 한국 사회에서 자신의 정체성을 긍정하고 살아오는 것이 쉽지 않았으리라 짐작됩니다. 그럼에도 불구하고 지금까지 삶의 자리에서 어려움을 극복하며 살아 낸 것에 대해, 그리고 본교를 또 하나의 삶의 장으로 선택해 준 아름다운 용기에 대해 감사를 전하고 싶습니다.

이 기쁜 소식을 두고 교내외 일부에서 혐오와 차별의 말이 쏟아지고 있습니다. 화장실과 기숙사를 같이 쓸 수 없다는 불안감부터 "트랜스젠더 안 돼, 교내 여론 시끌시끌" "반대 여론 봇물, 왜 하필 여대?" 등

이분법적 성별 구분을 강화하는 언론 보도까지 서슴없이 표출되는 상황입니다. 특히 본교의 비전과 미션, 가치에 부합되지 않는 혐오와 배제 그리고 분열을 조장하는 분위기마저 감지되어 심각한 문제의식을 느낍니다.

숙명 동문은 트랜스젠더에 대한 이해 부족과 고정관념을 바탕으로 '진짜 여성'과 '가짜 여성'을 나누려는 시도에 강한 우려를 표합니다. 이번 문제는 엄연히 이 땅에서 함께 살아가고 있는 성소수자를 열위에 놓고 차별하려는 것에 지나지 않습니다.

"울어라 암탉아!"

숙명여대는 가부장제 사회에서 사회적 약자인 여성의 교육과 연대를 위해 탄생한 학교입니다. 숙명 학우들은 가부장제가 만들어 낸 '여성성'에 도전하며 새로운 길을 내 왔습니다. 사회적 약자·소수자와의 동행과 연대는 숙명인의 출발이며 계속 확장해 나가야 할 가치입니다. 우리가 가야 할 길은 모든 이들이 오롯이 그 존재와 가치를 인정받는 다양성과 포용의 길입니다.

학교 구성원 모두가 아름다운 용기에 한 발 더 가까이 갈 수 있길 바라는 마음으로 다음과 같이 제

안합니다. 학교의 행정 주체는 혐오와 배제에 근거한 민원이나 반발을 기계적으로 수용해선 안 됩니다. 인권과 평등이라는 숙명의 비전에 중심을 두고, 모든 학생에게 안전한 환경을 만들기 위해 노력해야 합니다.

언론은 이번 사태를 찬반 이분법적 구도로 몰고 가는 '기사 뽑기'를 멈춰야 합니다. '인권 보도 준칙'을 유념하고 성소수자 신입생과 숙명인에게 2차 가해가 될 선정적인 단어를 재고하길 바랍니다. 숙명 내부에는 혐오와 차별의 언어만 있는 것이 아니라, 다양한 지점에서 건강하고 치열한 페미니즘 담론이 오가고 있습니다. 숙명인은 이번 사안을 계기로 지금까지 '비가시화'됐던 다양한 소수자를 포용하고 연대하는 방안에 대해서도 고민하고 토론할 것입니다.

자연스럽게 혹은 큰 결심으로 '여대'라는 공간을 택하고 생활하고 있는 재학생이 '외부인'의 출입에 놀랄 수밖에 없는 현실에 깊이 공감합니다. 그럼에도 우리는 침입·폭력과 '보통'의 범주에 들지 못한 것을 구분할 수 있어야 합니다. '보통'의 범주에 들지 않는다고 배척한다면, 우리가 그토록 부수고 극복하고자 했던 성차별의 벽과 무엇이 다르겠습니까?

오래전 숙명의 합격증을 받았던 때의 감동을 기억합니다. 여성에 대한 혐오와 차별의 문화가 공고한 한국 사회에서 각자의 자리를 지켜 낸 모든 신입생, 특별히 더 힘난한 과정을 거쳐야 했던 성소수자 신입생의 입학을 다시 한번 축하합니다.

2020. 2. 3.

A씨가 사회에 트랜스젠더 여성인
자신의 모습과 꿈을 당당하게
드러낸 순간 우리는 평등 사회로
나아갈 수 있다는 희망을 얻었으며,
그 동력은 트랜스젠더 권리 신장과
A씨의 결정을 지지하는 목소리가
우리 곁에 울려 퍼지는 이상
언제까지나 유효하다.

대학 앞 혐오와 차별의
허들을 부수자
/대학·청년성소수자모임연대 QUV

트랜스젠더 여성 A씨가 결국 입학을 포기했다. 자신을 둘러싼 여론에 부담감을 느껴 내린 결정이라고 한다. 성소수자 아웃팅과 색출까지 불사하겠다는 혐오 범죄의 위협과 트랜스젠더에 대한 근거 없는 비난, 그리고 성별 정체성을 부정하고 성별 이분법을 강요하는 혐오 발언 등 그녀가 자신의 꿈을 실현하기 위해 달려온 길 위에서 겪었을 고통은 감히 상상조차 하기 어렵다. 그렇기에 우리는 여전히 그녀가 내린 결정을 지지하며, 단연코 누구나 평등해야 할 교육의 영역에서 트랜스젠더 여성의 길을 막은 우리 사회의 혐오와 차별에 큰 분노를 표한다.

그동안 A씨는 대중에 노출되는 위험에도 불구하고 자신의 꿈과 성적 정체성을 드러내는 중요한 결정을 해 왔다. 우리 사회와 숙명여자대학교에 가진 최소한의 믿음을 바탕으로 선택한 진로였을 것이다. 그러나 자칭 페미니스트라는 자들은 그녀의 결단에 호응하기는커녕, 오히려 여성 혐오와 소수자 낙인찍기의 언어를 그대로 답습하며 트랜스젠더 여성을 교문 밖으로 내몰았다. 이번 사건을 계기로 성소수자에게 더 열린 대학을, 더 평등한 교육을 만들기 위해 혐오와 차별의 허들을 부숴야 했을 우리 사회는 도리어 그 허들을 더욱 공고하게 만들어 버렸다.

숙명여자대학교 본부는 예비 신입생이 트랜스젠더라는 이유만으로 대학 안팎에서 공격받고, 결국 진학을 포기하기에 이른 작금의 사태를 해결하기 위해 어떠한 조치도 취하지 않았다. 언론은 개인의 적법한 입학과 교육권 실현이 반대에 부딪치는 비이성적인 상황을 찬반이라는 이분법적인 틀에서만 보도하며, 차별과 혐오가 트랜스젠더 여성의 교육권과 안전을 위협하는 현실에는 눈을 감아 버렸다.

그 결과 우리는 숙명여자대학교에서 A씨를 보지 못하게 되었다. 1957년 미국 백인 사회가 아칸소주 리틀록 센트럴 고등학교에 입학하려 한 흑인 학생 아홉 명의 등교를 금지시켰듯이, 2018년 한동대학교가 학내 페미니즘 강연을 주최한 학생을 부당 징계로 내쫓았듯이 말이다.

하지만 우리는 A씨가 혐오에 굴복해 꿈을 포기

하지 않기를 바란다. A씨가 사회에 트랜스젠더 여성인 자신의 모습과 꿈을 당당하게 드러낸 순간 우리는 평등 사회로 나아갈 수 있다는 희망을 얻었으며, 그 동력은 트랜스젠더 권리 신장과 A씨의 결정을 지지하는 목소리가 우리 곁에 울려 퍼지는 이상 언제까지나 유효하다.

지금 A씨는 보다 안전하고 굳센 다음 한 걸음을 디디기 위해 한 발 물러서게 되었지만, 우리는 그녀의 용기에 힘입어 몇 발자국은 더 나아갈 수 있는 힘을 얻었다. 대학 앞 혐오와 차별이라는 허들을 부수고, 모두에게 평등한 대학과 사회를 만드는 그날까지 우리는 더욱 고군분투할 것이다. 그리고 그 시작에는 트랜스젠더 여성 A씨의 결단과 함께, 전국에서 각자의 꿈을 펼치면서 평등과 차별 반대를 외쳤던 성소수자와 페미니스트 동료, 앨라이들이 있었다고 말할 것이다.

다시 한번 A씨에게 지지와 연대의 인사와 함께 응원의 박수를 보내며, 우리 사회의 차별과 혐오가 종식되어 트랜스젠더의 존재와 권리가 그 자체로 존중받는 세상이 오기를 바라 마지않는다.

2020. 2. 7.

당신은 그저 자신보다 약한
존재를 노리는 비둘기 정도밖에
안 될지 몰라도, 트랜스젠더 한 명
한 명의 날갯짓은 앨버트로스의
날갯짓이라고. 앨버트로스처럼
우리는 당신이 일으키는 거센
바람을 이겨 낼 것이며, 결국
당신보다 더 높이, 더 멀리,
더 빨리 활공할 것이라고.

그 날갯짓은
활공의 시작이다
/서강대학교 성소수자협의회 & 서강퀴어자치연대 춤추는Q

트랜스젠더 여성 A씨가 숙명여대 법대 등록을 취소했다는 소식이 들려왔다. 개강을 준비하며 대학에 입학한다는 사실에 설렘으로 가득 차야 하는 이 시기에 A씨의 입학 취소 소식은 너무나도 슬프게 다가왔다. A씨가 이러한 선택을 하기까지 얼마나 많은 혐오로 공격받아 왔을지 상상조차 할 수 없기에, 그리고 개인의 존재가 투쟁일 필요는 없기에, 개인은 영웅이 아닌 그저 개인으로 살아가기만 하면 되기에, A씨의 결정을 지지한다. 그녀가 그동안 보여 준 의연함과 그녀가 낸 목소리를 응원하며, 앞으로는 혐오 대신 연대가 이끌어 주는 삶이 펼쳐지기를 바란다.

숙명여대 당국은 왜 A씨가 목소리를 내는 동안 침묵하였는가. 환영의 손길을 내밀어야 할 때 왜 그녀 스스로 손을 거두도록 만들었는지 묻고 싶다. 숙명여대 당국은 A씨가 아직 등록 전이라는 이유로, 입학생이라는 이유로 어떠한 지지 의사도, 공식 입장도

밝히지 않았다. 학생 사회 내에서 일어나는 수많은 혐오에 대하여 방관하고 침묵하는 것이 숙명여대 당국의 입장인가. 마틴 루터 킹은 "우리가 중대한 일에 대해 침묵하는 순간 우리의 삶은 종말을 고하기 시작한다"라고 말했다. 침묵은 혐오 세력의 손을 들어주는 일이며 그 침묵하는 자의 종말이다. 인종 차별에 침묵하던 자들은 혐오의 장을 마련하였으며, 결국 역사에 인종 차별의 방관자로 남아 있다. 현재 트랜스젠더 여성의 입학을 반대하는 세력에 대해 침묵하는 학교 또한 트랜스젠더 차별을 방관한, 인권 의식이 후퇴한 학교로 역사에 남을 것이다. 이러한 오명은 트랜스젠더 A씨가 아닌 오로지 학교 당국의 비겁함, 그리고 혐오 세력의 악랄함이 불러온 결과이다.

A씨를 향하여 혐오를 쏟아 낸 이들은 스스로를 페미니스트라고 칭하는 자들이었다. 페미니즘은 남성과 여성이 사회·정치·경제적으로 평등하다고 믿는 것에서 출발한다. 페미니스트는 인간은 성별을 불문하고 모두가 동등하며, 동등한 권리를 얻어야 한다고 믿기에 약자의 편에 서는 사람이다. A씨에게 혐오를 쏟아 내고 그녀가 인간으로서, 여성으로서 누려야 할 권리를 박탈한 그들은 스스로를 페미니스트라고 부

를 자격이 없다. 생물학적 여성으로서의 안전만 걱정하면서 트랜스젠더 여성이 안전하게 학교를 다닐 수 있는 환경을 박탈하고, 생물학적 여성이 남성 위주의 사회에서 배제됨을 비판하면서 트랜스젠더 여성은 여성으로 여기지 않는 그들은 페미니스트가 아니다. 그저 그들이 혐오하는 성차별주의자의 행동을 그대로 닮았을 뿐이다.

약자의 위치에서는 두 가지 선택지가 있다. 자신이 당한 혐오와 폭력을 내면화하여 상대적 기득권자의 위치에서 다른 약자에게 똑같은 폭력을 가하는 것, 아니면 자신이 당한 일을 바탕으로 다른 약자의 상황에 공감하고 연대하는 것이다. 전자를 선택한 그들은 여성 인권의 향상을 위하는 자들이 아니다. 인권이란 누구나 동등하게 누려야 하는 것이므로, 트랜스젠더 여성의 인권을 짓밟는 행위는 결국 여성의 인권, 우리 모두의 인권을 짓밟는 행위이다. 그들은 A씨의 결정 때문에 숙명여대가 비난을 받는다고 말한다. 그러나 비난을 받는 대상은 그들 자신이며, 숙명여대의 이름을 빛내는 사람은 A씨를 지지하고 연대하는 여러 숙대생들이다.

A씨가 쓴 일기는 "하나의 날갯짓이 커다란 폭풍

이 되었음을 바라보며"라고 마무리된다. A씨의 날갯짓은 다양한 사람들이 트랜스젠더 인권에 관심을 가지도록 하는 계기가 되었으며, 트랜스젠더 인권이 한 발짝 나아갈 원동력이 되었다. 하지만 새의 날갯짓은 사냥꾼의 신호탄이 되었다. 숙명여대의 한 학회는 트랜스젠더를 '비둘기'가 되고 싶어 하는 존재에 비유하면서 트랜스젠더를 조롱하는 글을 올렸다. 그들은 생물학적 여성인 자신들이 '진정한 비둘기'라고 말했다. 이에 대하여 서강대학교의 성소수자 단체로서 이렇게 말하고 싶다. 당신은 그저 자신보다 약한 존재를 노리는 비둘기 정도밖에 안 될지 몰라도, 트랜스젠더 한 명 한 명의 날갯짓은 앨버트로스의 날갯짓이라고. 앨버트로스처럼 우리는 당신이 일으키는 거센 바람을 이겨 낼 것이며, 결국 당신보다 더 높이, 더 멀리, 더 빨리 활공할 것이라고. 누구보다 강한 날갯짓을 한 A씨를 응원한다. 그녀가 이 세상을 누비고 다니며 활공할 날을 기대한다.

2020. 2. 8.

트랜스젠더의 입학을
거부하고 배척하는 행동으로
여대가 '지켜질' 수 있는가?
여대는 진정으로 '지켜져야'
하는 공간인가?

다시, 경계를 넘어 전진하라

/여대페미니스트네트워크 W.F.N

외부에서 시작된 여자대학(이하 여대)에 대한 대상화는 지난 세월 유구히 여대 출신자에게 차별적인 시선을 감내하게 했다. 좋은 혼처를 위해 거쳐 가는 곳, 현모양처 양성소…. 사회적 낙인으로부터 해방되기 위해 많은 여대 재학생과 졸업생들은 각자의 자리에서 투쟁해 왔다. 그리고 현재, 여대는 다시 한번 안전한 공간으로 호명되고 있다. 일부 여대 재학생들이 트랜스젠더 정체성을 지닌 신입생의 입학을 거부함으로써, 침범당하지 않는 공간으로 여대를 '지키려는' 움직임을 보이기 때문이다. 그들에게 묻고 싶다. 이러한 움직임, 트랜스젠더의 입학을 거부하고 배척하는 행동으로 여대가 '지켜질' 수 있는가? 여대는 진정으로 '지켜져야' 하는 공간인가? 여대는 그렇게 지켜지기를 원한 적이 없다. 여대는 역설의 공간이다. 평등한 사회에서는 존재하지 않았을 공간으로서, 현 사회가 평등하지 않다는 목소리를 낼 수 있는 곳이기 때문이다.

우리가 우리의 공간을 지켜야 할 때는, 한 명의 소수자가 입학 의사를 밝혔을 때가 아니다. 편협한 시각으로 평등한 사회가 왔음을 주장하며 연대의 존재 의의를 폄훼하는 기득권 세력과 투쟁할 때, 우리는 우리의 연대를 위해 맞설 수 있다. 2020년 2월, 법조인의 꿈을 가진 여성이 숙명여대에 입학해 그녀의 신념과 의지로 세상의 평등에 기여하고 싶다고 말했다. 사회의 차별적 시선과 혐오에 맞선 용기 있는 목소리였다. 그러나 여대의 일부 구성원들은 이 개인의 선언을 두려움으로 환원하고, 낙인찍으며, 타자화했다. 이를 '외부로부터의 침입'으로 규정하며 위협으로 받아들였다. 개인의 서사와 정체성, 가치관을 단편화했다. 그녀의 의도와 속내를 함부로 추측하며 폭력적인 언어를 쉽게 휘둘렀다. 성별정정 판결에 대한 반대 연서명은 그들의 경계심을 고스란히 드러냈다.

여느 한국 사회와 마찬가지로 여대는 각기 다른 정체성과 위치, 경험과 가치관을 지닌 존재들로 구성되어 있다. 이들의 다양한 모습은 특정한 하나로 고정될 수 없으며, 발생하는 문제 또한 단일하지 않다. 그럼에도 여대는 여전히 정상성에 부합하는 여성들만의 안전하고 동질적인 공간으로 상상되며, 그에 부합하지 않는 구성원은 타자화의 과정을 겪는다. 학내 온라인 익명 커뮤니티상의 배제와 폭력은 여대가 단일한 공동체가 아님을 드러내는 가장 큰 증거이다. 트랜스젠더 당사자의 여성 혐오와 폭력성을 전제하고 '침범하는 존재'로 규정하는 행위. 여대 내에 실재하는 트랜스젠더 구성원의 존재를 타자화하는 행위. 이러한 행위는 피해의 근본적 원인인 가부장제와 성별 규범을 '분리'로써 해결할 수 있다고 믿게 만들고, 내부와 외부의 완전한 구획에만 천착하는 결과로 이어진다. 대상의 재현이나 일부의 단편적인, 때로는 왜곡된 정보만으로 대상을 모두 아는 것처럼 규정하는 인식적 폭력과 경계 짓기는 문제 해결의 가능성을 완전히 차단한다.

이제 경계를 넘어 전진하자. 피해와 가해의 책임 소재만을 운운하며 경계를 공고히 하는 행위를 넘어서야 한다. 피해의 원천으로 보이는 대상을 타자화하고 두려워하거나 멸시하며 배제하는 것이 아니라, 대상을 똑바로 마주 보는 것에서부터 모든 것이 시작된다. 이 과정에서 '지켜져야' 하는 존재는 없다. 우리는 지켜져야 할 존재가 아닌, 무너뜨리고 바꾸는 변혁의 주체다. 두려움과 고립을 넘어 선언하자. 우리는 성평등을 외치는 여대의 페미니스트이다. 복잡한 권력 체계에 균열을 내기 위해 우리의 문제가 단일하지 않음을 직시할 것이다. 우리는 사회의 소수자와 함께 싸울 것이다. 사회의 고립된 이들과 손잡고 나아갈 것이다. 우리는 세상의 체제와 규범이 그어 둔 경계를 무너뜨리고 넘어서며, 고립된 공간이 아닌 세상을 향해 평등을 외칠 것이다. 우리는 언제나 사회를 흔들고 분란을 가져오는 존재가 될 것이다. 우리는 마침내 찾아올 해방의 그날을 위해, 끊임없이 전진할 것이다.

2020. 2. 11.

///////////

3
연대는
혐오보다 강하다

서로를 향해 묻고 답하며, 공동 전선을 구축하기

우리는 우리 모두의 인권이 확장되는 길에 함께할 것이다. 그것이 우리의 인권을 지키는 일이기 때문이다. 우리는 난민 인권을 위해, 장애인 인권을 위해, 청소년 인권을 위해, 수많은 성소수자의 인권을 위해 지금까지처럼 거리로 나설 것이며 외치고 요구할 것이다.

# 우리는 모두의 인권이 확장되길 바란다

/트랜스해방전선

최근 여러 트랜스젠더 의제가 이슈화됨과 맞물려 트랜스젠더에 대한 혐오가 곳곳에서 도를 넘고 있다. 투명인간 취급당하던 당사자가 용기를 내 트랜스젠더가 지금 여기 존재함을 드러내자, 아이러니하게도 이들은 즉시 혐오의 대상이 되었다.

혹자는 트랜스젠더의 삶을 자신의 짧은 인식 속에서 마음대로 재단하고, 또 어떤 이는 트랜스젠더에게 존재를 증명하라는 요구를 서슴없이 지속하고 있다. 게다가 그들은 트랜스젠더 가시화가 마치 여성 등 다른 소수자의 인권을 빼앗는 행위인 것처럼 몰아갔다.

《트랜스해방전선》은 성기만을 기준으로 성별을 단순히 두 개로 나누려는 인식에 단호히 반대한다. 성별 이분법이 아닌 다른 방식으로 본인의 성별 정체성을 확립한 이들이 분명히 여기 함께 존재하고 있다. 그렇기에 성별 이분법을 기준으로 들이미는 모든 그릇된 잣대에 반대한다. 여성이 여성이란 이유로 사회에서 받는 차별에 지금껏 반대해 온 것과 마찬가지로, 많은 트랜스젠더퀴어가 본인이 확립한 정체성을 이유로 여기에서 차별받지 않길 원한다.

《트랜스해방전선》은 앞에 산재한 수많은 트랜스젠더 혐오를 마주하며 우리가 나아갈 길을 분명히 하고자 한다. 우리는 우리 모두의 인권이 확장되는 길에 함께할 것이다. 우리는 앞으로도 여성의 인권을 위해 투쟁할 것이다. 그것이 우리의 인권을 지키는 일이기 때문이다. 언제나 그랬듯 노동자의 인권을 위해 투쟁할 것이다. 그것이 우리의 인권을 확장하는 길이기 때문이다. 우리는 난민 인권을 위해, 장애인 인권을 위해, 청소년 인권을 위해, 수많은 성소수자의 인권을 위해 지금까지처럼 거리로 기꺼이 나설 것이며 외치고 요구할 것이다. 바로 그것이 우리가 더불어 사는 공동체를 만들기 위해 해야 할 일이기 때문이다. 당연히 그 과정에서 트랜스젠더퀴어가 배제되지 않아야 함을 분명히 외칠 것이다.

이 혐오의 시대에 트랜스젠더퀴어가 본인을 나타내는 것이 스스로를 소모하는 방식이 되지 않도록 우리는 노력할 것이다. 우리 모두는 각자의 모습 그대로 존중받을 자격이 있는 사람이다.

2020. 2. 2.

우리는 남성 중심 사회가 만든
성차가 차별을 답습하게 했다고
주장합니다. 따라서 우리는
여성으로서 발화하는 동시에
이분법에서 벗어난 존재와의 연대를
통해 가부장제의 기틀이 되는
흑백 논리에 저항할 것입니다.

트랜스젠더 혐오에 반대합니다

/이화여자대학교 성소수자인권운동모임 변태소녀하늘을날다

《변태소녀하늘을날다》는 이화인으로 구성된 성소수자인권운동모임으로, 성소수자에게 씌워지는 편견 중 하나인 '변태'를 자칭함으로써 편견을 내포한 언어의 폭력과 혐오에 정면으로 맞서는 동시에, 어떠한 차별에도 불구하고 자신의 존재를 당당하게 드러내고자 노력해 왔습니다. 스스로의 존재를 당당하게 드러낸다는 것은 자신을 긍정하는 것과 더불어 차별과 혐오를 양산해 내는 구조와 폭력에 저항하는 것을 의미합니다. 성소수자인권운동모임으로서, 학내 자치단위로서, 그리고 이화의 구성원으로서《변태소녀하늘을날다》는 성소수자 구성원을 비롯한 이화의 다양한 구성원을 향한 혐오에 저항했습니다.《변태소녀하늘을날다》가 성소수자 문제뿐만 아니라 다른 소수자 문제에 연대하여 저항에 힘을 보태 왔던 이유는, 이들을 소수자로 만드는 사회 구조가 단 하나의 얼굴을 하고 있지 않기 때문입니다.

여성 혐오 범죄가 만연한 사회이기에, 많은 한국 여성이 경험하는 피해와 두려움은 실재합니다. 하지만 남성과 여성, 시스젠더와 트랜스젠더 등 어떠한 집단이든 여성을 타깃으로 삼는 범죄가 압도적으로 많은 이유는 사회 전체가 여성 혐오적이기 때문입니다. 그렇기 때문에 범죄 위험성을 태생적 요인과 관련 지어 생각해서는 안 됩니다. 또한 일부의 범죄를 집단 전체의 속성으로 만드는 것을 경계해야 합니다. 두려움은 실재하나 화살의 방향은 바로잡을 필요가 있습니다. 트랜스젠더의 존재와 그와의 연대는 범죄 옹호로 이어지지 않습니다. 우리는 범죄가 일어나는 환경과 구조에 저항하고자 합니다. 범죄 행위 자체가 내포한 위계 관계와 폭력성에 주목하여 비판할 것입니다. 한국에 만연한 강간 문화에 물들어 성범죄를 저지르는 이들을 강력히 규탄합니다.

개인에 대한 육안해부학적인 접근은 성차별적인 사회의 시각과 맥을 같이합니다. 일례로 큰 논란이 일었던 '가임기 여성 출산 지도'와 같은 것이 정부 기관에서 만들어지고, 불과 1년 전까지만 하더라도 한 개인의 임신중지가 죄로 여겨질 수 있었던 토대는 차별적 구조와 연결되어 있습니다. 이와 같은 사례는 개인의 몸을 둘러싸고 어떤 권력이 작용하고 있는지를 보여 줍니다. 사회가 요구하는 정상성에서 벗어난 몸을 정죄하고, 이들을 향해 규범 속으로 편입해 들어오라고 끊임없이 강요하는 폭력은 구조 안의 모든 구성원에게 각각 다른 형태로 작용합니다. 우리가 끊어 버려야 할 것은 여성 혐오만이 아니라, 성차별주의에 근거한 모든 억압과 착취입니다. 정상주의에 근거한 모든 폭력입니다. 누군가를 탈락시켜 쌓아 올린 안정은 같은 방식으로 무너지고 말 것입니다.

페미니즘의 주체를 시스젠더 여성으로 한정하여 '우리'만이 발화의 주체라 규정할 때 남게 되는 것은 집단 내부의 동질감뿐입니다. 그것은 발화의 주체를 경계 지음으로써 경계 바깥의 존재를 타자화하는 결과를 낳게 됩니다. 운동의 주체를 한정하고 배척하는 것에는 한계가 있습니다. 누가 논의에 참여할 수 있는지 싸우기보다, 서로 방식이 다르더라도 지향점이 같다면 갈 수 있는 곳까지 같이 가야 합니다. 배척이 아닌 연대가 필요한 시점입니다.

우리는 권리 담론이 파이 싸움이 아니라고 강력히 주장합니다. 개인의 정체성은 중층적으로 구성되기에 그를 향한 혐오와 억압의 양상은 단일하게 나타나지 않습니다. 그러나 이것은 유사한 작동 방식을 가지고 있는 듯합니다. 존재를 부정하고, 증명을 요구하고, 우선순위를 매겨 가는 이 방식을 우리는 어디에선가 경험한 적이 있습니다. 우리를 억압하는 차별과 혐오는 다른 집단으로부터 연유하지 않습니다. 누군가를 향한 억압은 차별과 혐오를 용인하는 구조로부터 비롯됩니다. 그리고 이를 용인하는 그 누구도 이 구조에서 자유로울 수 없습니다. 해방은 억압을 통해 쟁취하는 것이 아니라 저항을 통해 맞이할 수 있습니다.

트랜스젠더 혐오는 차별에 저항하고자 하는 이 이화여대 안에서도 발견할 수 있습니다. 이화 공동체 안에도 트랜스젠더, 젠더퀴어 등 자신의 지정성별과 일치하지 않는 성 정체성을 지닌 이들이 존재합니다. 이들에게 존재의 당위성을 증명하길 요구하거나, 나아가 존재하지 않는 이로 지워 버림으로써 이화를 단일한 여성의 집단으로 만드는 것은 명백한 트랜스젠더 혐오입니다. 그렇기에 《변태소녀하늘을날다》는 공동체 내의 성소수자 구성원과 우리의 존재를 지우지 않기를 요구합니다. 존재를 증명하는 것은 우리가 있음을 외치는 것으로도 충분합니다. 그 누구도 다른 이의 진정성을 심판할 수는 없습니다. 설령 그 자신 또한 사회적 소수자라 하더라도 말입니다.

우리는 한 가지 모습만 가진 여성이 될 수 없습니다. 그만큼 다양한 사람이 이 사회 안에서 살아가고 있습니다. 성별 이분법의 틀 안에서는 자신이 존재하지 않는다는 사실과, 그 틀 안에서만 안전하게 존재를 인정받을 수 있다는 사실은 당사자에게 실재적인 고통을 초래합니다. 트랜스젠더, 젠더퀴어의 디스포리아는 이 짧은 글 안에서 다 이야기할 수 없을 만큼 일상적으로 나타납니다. 자신의 몸, 자신을 부르는 호칭, 홀수와 짝수로 대표되는 주민등록번호상의 성별 기준. 결국 두 개로 분류된 성 중 하나로 명확하게 '패싱' 되는 현실은 누군가에게 모멸감, 자괴감을 유발합니다. 우리는 모두가 자기 자신으로 살아갈 수 있는 이화를 원합니다. 이화여자대학교 성소수자인권운동모임 《변태소녀하늘을날다》는 트랜스젠더 혐오에 반대합니다.

우리는 남성 중심 사회가 만든 성차가 차별을 답습하게 했다고 주장합니다. 따라서 우리는 여성으로서 발화하는 동시에 이분법에서 벗어난 존재와의 연대를 통해 가부장제의 기틀이 되는 흑백 논리에 저항할 것입니다. '생물학적' 혹은 성기 환원주의적 근거를 바탕으로 한 성별 기준은 누군가를 탈락시킬 수밖에 없습니다. 이분법적인 구분이 포괄하거나 설명하지 못하는 이들은 예전에도 존재했으며, 지금도 여전히 존재합니다. 이화 공동체의 다양한 구성원 중 누군가를 배제할 수밖에 없는 혐오를 용인할 수 없습니다. 그것이 바로 《변태소녀하늘을날다》의 존재 목적입니다.

2020. 2. 3.
(9개 단체 및 173명 개인 연서명)

그녀는 스스로를 드러내었을 뿐 아니라, 변희수 하사에게 응원과 연대를 표했다. 이를 통해 자신의 구체적인 삶을 드러내는 부단한 시도가 사회의 변화를 요구한다는 것과 차별과 배제에 도전하는 자신의 용기가 타인의 삶에도 연결되어 있음을 알리고 있다.

더 많은 소수자의 목소리를 드러내고 존중하는 사회가 되자

/성소수자차별반대 무지개행동 & 차별금지법제정연대

트랜스젠더 여성이 숙명여대에 합격했다는 소식이 전해졌다. 입학에 필요한 절차를 거쳐 합격한 그녀는 축하받아 마땅하다. 나아가 자신이 트랜스젠더임을 당당하게 드러낸 용기에 감사하며 지지를 보낸다.

그녀는 스스로를 드러내었을 뿐 아니라, 얼마 전 성전환 수술을 한 뒤 자신을 드러내며 복무를 원했던 변희수 육군 하사에게 응원과 연대를 표했다. 이를 통해 자신의 구체적인 삶을 드러내는 부단한 시도가 사회의 변화를 요구한다는 것과 차별과 배제에 도전하는 자신의 용기가 타인의 삶에도 연결되어 있음을 알리고 있다. 그녀는 트랜스젠더로서 자기 드러내기가 혼자만의 싸움이 아니라는 것을 이미 알고 있는 것이다. 이는 존엄과 평등의 요구가 당사자 한두 명의 열망이 아님을 보여 주며, 트랜스젠더를 비롯한 성소수자를 사회 구성원으로 맞이해야 할 때가 되었음을 알리는 전면적인 신호탄이다.

안타까운 것은 이러한 그녀의 용기에 대해 몇몇이 차별과 혐오의 목소리를 내고, 이것이 언론을 통해 무분별하게 재생산되고 있다는 점이다. 그러나 누구도 배제되거나 존재를 부정당해서는 안 된다는 인권의 가치에 비추어 볼 때, 이러한 목소리에는 어떠한 정당성도 없다. 스스로를 여성으로 인식하며 살아왔고 또 살아갈 그녀의 입학은 "교육과정에서 소외된 여성들을 위한 교육기관"으로 설립된 숙명여대의 정신에 비추어도 지극히 마땅한 일이다. 그렇기에 더 이상 그녀의 입학을 둘러싸고 혐오와 차별이 재생산되지 않기를 바란다.

다시 한번 우리는 정상성의 기준에 균열을 내며 사회에 자신을 드러낸 그녀의 용기에 지지를 보낸다. 그녀를 통해, 나아가 그녀와 함께 던지는 많은 질문과 변화의 용기에 응답하여, 더 많은 소수자의 목소리를 드러내고 존중하는 사회가 되어야 할 것이다.

2020. 2. 4.

가부장제에서 지워진 존재들의 이름이 '여성'으로 뭉뚱그려졌을 뿐 여성의 범위는 한정 지을 수 없다. 그 누구도 가부장제에 의해 자신의 존재가 지워지지 않도록, 누구라도 자신이 겪은 폭력에 대해 발화할 수 있도록 우리의 연대는 더욱 확장되어야 한다.

연대는 혐오보다 강하다

/캠퍼스페미네트워크

숙명여대 2020학년도 신입학 전형에 트랜스 여성 A씨가 합격하였다. 이에 부산 지역 대학 페미니스트로서 그녀의 선택과 용기에 지지와 뒤늦은 축하를 전한다. A씨는 박한희 변호사에게 법대 지원에 대한 동기부여를 받았으며 "성전환 수술을 받고 주민등록번호를 바꾼 트랜스젠더도 당당히 여대에 지원할 수 있다는 것을 보여 주고 싶었다"고 말했다. 그러나 그녀는 최근 학내외의 입학 반대 동향에 "마음이 너덜너덜해졌다"는 심경을 밝혔다. 사회 구성원들이, 심지어 같은 대학 캠퍼스를 거닐게 될 대학 공동체의 구성원들이 자신의 존재에 대한 찬반 논란을 벌이고 있는 광경을 본다면 당신은 어떤 마음이 들겠는가? 그녀에게는 인간이라면 모두가 가져야 할 권리, 자신의 프라이버시가 보호받고 지켜질 권리가 있다. '트랜스젠더'라는 이유 하나만으로 대학에 입학하는 일이 논란이 되고 수많은 공격의 타깃이 되는 지금의 사태는, 한국 사회에서 트랜스젠더의 위치가 폭력과 인권 침해에 얼마나 가까운지를 보여 준다.

정체성이란 단순히 자신에게 주어진 특질로 결정되지 않는다. 어떤 사람이 정체성을 형성한다는 것은 개인에게 강제되는 사회적 틀에 그 사람이 도전하면서 써 내려가는 서사적 의미를 갖는다. 정체성을 인정한다는 것은 그 서사의 내용이 정당한지를 인정하는 것이 아니라, 그 서사의 편집권이 오롯이 그에게 있음을 인정하는 것이다. 한국 사회에서 여성이 겪어야만 하는 공포와 차별이 실존하는 것은 사실이다. 하지만 가부장제의 작동을 멈추기 위해서 여성의 범위를 한정 지어야만 한다고 믿는 것은 교만한 사고이다. 가부장제 사회에서는 남성의 범위만 확정될 뿐 그 외의 존재들은 밀려나고 지워진다. 남성의 영역은 단 한순간도 도전받거나 확장되지 않고, 남성은 자신의 기득권을 공고히 지키기 위해 발버둥 친다. 이러한 악순환을 깨뜨리고 성별 이분법을 해체하는 것이 페미니스트의 궁극적 지향이 되어야 한다.

성기 모양이나 염색체로 개인의 정체성을 판단하는 것은 폭력적이다. 여성을 정의하는 기준이 정말로 성기와 염색체 따위라면, 여성의 존재 의의는 '포궁' 그 이상 그 이하도 아니다. 가부장제에서 지워진 존재들의 이름이 '여성'으로 뭉뚱그려졌을 뿐 여성의 범위는 한정 지을 수 없다. 그 누구도 가부장제에 의해 자신의 존재가 지워지지 않도록, 누구라도 자신이 겪은 폭력에 대해 발화할 수 있도록 우리의 연대는 더욱 확장되어야 한다. 가부장제의 완전무결한 피해자로서만 여성을 정의하려 한다면 아무도 발화할 수 없을 것이다. 사회적 권력관계가 남성이 아닌 이들을 배제하기 위해 어떻게 작동하며 폭력을 재생산하는지 밝혀내는 것이 우리의 목표이다. 시대에 뒤처진 사고로 회귀하여 타인의 정체성을 판가름하는 것은 성별 이분법을 공고히 하려는 '젠더 대법관' 노릇일 뿐이다.

인권은 총량이 정해져 있지 않다. 트랜스젠더 여성이 존중받는 사회는 모든 여성이 존중받을 수 있는 사회이다. 존중받는 인권의 스펙트럼이 넓어질수록 사회는 진보한다. 우리는 모두의 인권이 존중받을 수 있는 사회를 만들기 위해 연대하여 성별 이분법을 해체하고, 가부장제를 박살 낼 것이다. 우리의 목표는 정상성의 탈환이 아니라 정상성의 파괴다.

가부장제에 억압당해 온 여성의 분노가 물처럼 흘러, 또 다른 열악한 위치에 있는 존재를 잠겨 숨 막히게 하지 않는 사회를 간절히 바란다.

2020. 2. 5.

모든 사람은 저마다 유일무이하고 고유한 존재이므로 서로의 삶과 그 안의 고통을 동일하게 이해하기는 어렵습니다. 이해할 수 없으니 단절된 채로 살자는 것이 아니라, 그렇기 때문에 타인의 고유성을 향해 서로 계속해서 묻고 들을 수 있어야 하는 것입니다.

지나친 확신이 아닌, 서로의 외침에 응답하며

/이화여자대학교 학생·소수자인권위원회

많은 여성이 성폭력, 불법 촬영 및 유포, 고용 불평등 등 젠더 권력에 의한 폭력과 차별로 인해 분노와 공포를 느끼고 있습니다. 우리 앞에 놓인 이 문제들이 어디서 어떻게 비롯하게 되었는지를 면밀히 따져 보아야 원인을 정확히 짚고 그 해결 방향도 모색할 수 있습니다. 때때로 분노와 공포는 우리가 무엇에 맞서야 하는지를 제대로 점검하지 못하게 만드는 것 같습니다. 그러나 이 과정에서 원인을 제대로 지목하지 않으면 결국 해결하고자 했던 문제는 가려지고, 특정 집단이나 개인에 대한 혐오만 남게 되기도 합니다.

트랜스젠더의 존재와는 다른 층위에서,[1] 여성과 남성 사이의 젠더 위계로 인해 벌어지는 문제들이 있습니다. 트랜스젠더를 배제하는 것은 이 문제의 근본적인 지점을 짚고 그것을 해결하는 데 도움이 되지 못합니다. 이를테면 일부 사람들은 트랜스젠더가 여성 공간에 침입하여 범죄를 저지를 것이라는 공포 때문에 트랜스젠더 여성의 여대 입학을 반대한다고 주장합니다. 하지만 어떤 사람이 불법 촬영물을 찍거나 유포하는 것은 이성애 중심적으로 이원화된 젠더 체계에서 만들어진 남성의 왜곡된 성적 욕망과 이를 용인하는 사회 구조 때문이지, MTF 트랜스젠더가 스스로를 여성이라고 생각하기 때문이 아닙니다. 남성의 왜곡된 성적 욕망이 무엇에 기반하여 만들어졌으며, 그것이 어떻게 작동하고 있는지를 분석하고 비판하는 것이 우리가 이 문제를 해결하기 위해 해야 할 일입니다. 트랜스젠더를 배제하는 것으로는 문제가 해결되지 않을 것입니다.

누군가는 여성과 남성 사이의 젠더 위계가 작동하는 사회에서 MTF 트랜스젠더가 남성으로서 권력을 누리며 살아왔기 때문에, 그 위계로 인해 부당한 차별과 피해를 겪으며 살아가는 '여성의 삶'을 이해할 수 없으며, 따라서 그들을 여성으로 인정할 수 없다고 주장합니다. 하지만 MTF 트랜스젠더가 남성 특권을 누리며 살아왔다고 쉽게 단정 지어 말하면,[2] 시스젠더 남성을 중심으로 작동하고 있는 젠더 권력을 면밀히 분석할 수 없게 됩니다. "젠더 규범성 normativity, 젠더 감찰policing, 시스젠더 중심주의, 젠더 순응의 특권, 트랜스 혐오"[3] 역시 젠더 권력의 양상이며, 비규범적 성별 주체로서 트랜스젠더는 남성과 여성이라는 이원화된 젠더만을 정상화하여 위계가 작동하는 사회에서 '비정상적'인 존재로 여겨지며 부당한 차별과 피해를 겪고 있습니다.

"그들은 우리의 삶을 이해할 수 없다"고 주장하는 사람들 역시 트랜스젠더의 삶을 온전히 이해할 수 없는 것은 마찬가지입니다. 모든 사람은 저마다 유일무이하고 고유한 존재이므로 서로의 삶과 그 안의 고통을 동일하게 이해하기는 어렵습니다. 이해할 수 없으니 단절된 채로 살자는 것이 아니라, 그렇기 때문에 타인의 고유성을 향해 서로 계속해서 묻고 들을 수 있어야 하는 것입니다. 이러한 시도를 거치며 우리는 비슷하게 일어나는 억압의 양상을 발견할 수도 있습니다. 예를 들어 여성이나 '동성' 커플이 길을 걸어갈 때와 마찬가지로, 트랜스젠더도 길을 걷다가 언제든지 폭력에 노출될 수 있는 위치에 있다는 것을 매일매일 느끼며 살아갑니다. 우리는 어떤 존재에 대해 섣불리 판단하기보다는, 이해할 수 없어 보일지라도 그 삶에 대해 궁금해할 수 있습니다.

우리가 어떤 세상에서 살고 싶은지를 먼저 물어

야, 그것에 비추어 우리가 어떤 세상에서 살고 있는지를 보다 면밀하게 살필 수 있을 것입니다. 직접적인 물리적 폭력뿐만 아니라, 일상적으로 자신의 권리가 침해당할 수 있음을 매일매일 의식하며 고통을 겪는 것 역시 인식의 폭력입니다. 어떤 정체성만을 이유로 역량을 발휘할 수 있는 가능성을 빼앗기는 것이 억압과 지배라면, 이런 인식의 폭력 역시 그런 억압의 주요한 양상 중 하나가 되는 것입니다.[4]

이화여자대학교 학생·소수자인권위원회는 모든 사람이 자신의 정체성만을 이유로 역량을 발휘할 수 있는 가능성이 차단되지 않는 세상을 바랍니다. 또한 일상적으로 폭력에 노출될 수 있음을 늘 의식해야 하는 고통을 겪지 않길 바랍니다. 그러한 세상은 억압을 이야기하는 소수자들의 외침에 주의를 기울이는 데서 시작될 수 있습니다.[5] "우리에게 생존은 모두가 잘 지낼 수 있는 세상이 어떤 세상일지를 상상하고 그런 세상을 만들기 위해 타자들, 즉 구조 바깥에 존재하는 아웃사이더들과 공동 전선을 구축하는 법을 배우는 일입니다."[6]

2020. 2. 9.
(5개 단체 및 94명 개인 연서명)

1 젠더의 억압적 권력은 여성과 남성 사이의 권력 불평등으로 인한 성차별뿐만 아니라 다양한 층위와 양상으로 나타난다. 트랜스젠더리즘과 페미니즘은 서로에게 배척되는 것으로 여겨지지만, 이 두 가지는 젠더 개념의 서로 다른 층위에 주목하여 이야기하는 것이라 볼 수 있다. 페미니즘은 이원화된 젠더 체계 안에서 여성과 남성 사이의 권력 차등으로 인해 여성에게 젠더 위계가 작동하는 측면에 주목해 왔으며, 트랜스젠더리즘은 이원화된 젠더만을 정상화하여 비규범적 성별 주체에게 젠더 위계가 작동하는 측면에 주목하는 것이다. 김지혜, "페미니즘, 레즈비언/퀴어 이론, 트랜스젠더리즘 사이의 긴장과 중첩", 「영미문학페미니즘」 19권 2호, 한국영미문학페미니즘학회, 2011.

2 코야마는 트랜스 여성이 과거 남성 특권을 가졌거나 잠재적으로 가질 수 있다고 여기는 것이 인종이나 계급, 국가 등의 다른 요소들을 부차적인 것으로 여기고 성차별을 가장 근본적이고 결정적인 억압으로 보는 것이라고 주장한다. Koyama Emi, *Whose Feminism Is It Anyway?: The Unspoken Racism of the Trans Inclusion Debate*, The Transgender Studies Reader, Routledge, 2006, p. 702.

3 김지혜, 앞의 글, 65쪽.

4 아이리스 매리언 영, 『차이의 정치와 정의』, 김도균·조국 옮김, 모티브 북, 2017.

5 "정의에 관한 합리적 성찰은 어떤 상태—설령 그 상태가 이상적인 상태라고 하더라도—가 맞는다고 강하게 주장하고 그것을 완전히 숙달하는 것에서 시작하는 것이 아니라 듣는 것에서부터, 어떤 외침에 주의를 기울이는 것에서부터 시작한다." (앞의 책, 29쪽)

6 오드리 로드, 『시스터 아웃사이더』, 주해연·박미선 옮김, 후마니타스, 2018, 178쪽.

언제나 직접 경험한 것에만
한정하여 공감할 수 있다면
'연대'라는 말은 실재하지 못할
것이다. 직접 겪어 보지 않았더라도
문제의식을 공유한다면, 옳다고
믿는 가치가 공명한다면, 우리는
함께 목소리를 낼 수 있다.

소수자를 배제하는 운동에서 무엇을 꿈꿀 수 있는가
/익명의 이화인들

지난 1월 30일, 한 여성이 숙명여자대학교에 합격하며 언론을 통해 자신이 트랜스젠더 여성임을 밝혔다. 그러나 이 사실이 알려지자 곳곳에서 트랜스젠더퀴어에 대한 혐오 발언이 쏟아졌고, 결국에는 해당 합격자가 입학을 포기하게 만들었다. 몇몇 사람들은 트랜스젠더퀴어에게 존재를 증명하라 요구하고, MTF는 '진정한 여성'이 아니기에 여대와 여성 운동의 구성원이 될 수 없다 말하며, 트랜스젠더퀴어가 다른 소수자의 권리를 빼앗는다고 주장한다. 그러나 이는 같이 살아가는 사람에 대한 기본적인 존중마저 결여된 태도이며, 자신의 혐오가 누군가에게 미칠 영향을 충분히 고려하지 않은 행위이다. 권리 담론은 총량이 정해진 파이 싸움이 아니다. 소수자를 배제하는 방식의 운동으로 만들어진 세상은 결국 또 다른 소수자를 배제하는 사회일 것이다.

소수자성이란 개인적인 것이 집단의 특성으로

대표되는 것이자, 끊임없이 증명을 요구받는 것이다. 여성 혐오적인 사회에서, 우리는 한 여성의 잘못이나 실수가 여성 전체 집단의 특성으로 치부되는 경험을 수차례 해 왔다. 그리고 우리는 끊임없이 '진정한 페미니스트'임을 증명하라는 수많은 요구에 대해 어떤 방식으로든 답해야 했다. 트랜스젠더퀴어 또한 마찬가지이다. 수많은 다른 정체성과 함께 트랜스젠더퀴어라는 정체성을 가진 한 개인의 잘못이 집단의 잘못으로 비화되고, 성별 이분법적으로 구분되는 모습으로 존재를 증명하기를 강요당한다.

그러나 배제되는 당사자가 자신의 소수자성을, 자신이 살아온 삶과 경험, 그 속에서 받은 멸시와 차별을 입증할 필요는 없다. 본인이 확립한 정체성 역시 타인에게 증명할 의무가 없다. 스스로가 구축한 정체성은 타인이 '자격'을 부여하거나 판단할 수 없는 온전한 본인만의 것이기 때문이다. 그렇기에 더더욱, 소수자의 권리가 보장되고 차별이 철폐되는 세상을 만들기 위해 우리는 소수자에게 증명을 요구하는 언어를 되풀이해서는 안 된다.

나아가 그 어떤 개인도 단 하나의 정체성이나 집단으로 본인을 정의할 수도, 정의될 수도 없다. 성 정체성, 성 지향성, 인종, 직업, 장애, 학벌, 출신 지역 등 다양한 정체성은 개인의 삶에서 복합적으로 작용하기 때문이다. 따라서 몇 가지 단편적인 인식 속에서 타인을 재단하여 억압할 수 없으며, 소수자성에 순위를 정할 수도 권리 운동에 순번을 매길 수도 없다. 단편적인 시각을 토대로 '진정한 여성'만을 한정하는 것은 가부장제의 기반이 되는 성별 이분법을 오히려 공고히 한다. 이분법적 성별 규범은 가부장제 아래 젠더 규범과 섹스를 일치시키려는 이해관계를 따라 과학 담론이 구축한 문화적 구성물이다. '진정한 여성'을 선별하는 과정은 이를 답습할 뿐이다. 그리고 '조건'은 계속해서 추가되고 있다. 이러한 방식은 트랜스젠더 여성뿐만 아니라 '조건'에 맞지 않는 모든 여성이 배제되는 결과를 낳는다. 다양한 소수자 간의 연대가 필요한 시점에서 오히려 끊임없이 운동의 주체를 제한하고 뜻을 함께하는 사람을 배제한다면, 그 어떤 사회적 문제도 해결할 수 없을 것이다.

우리는 모두 이성애 중심주의와 성별 이분법이 규범으로 작동하는 가부장제 사회에서 살아간다. 이 안에서 개인들은 같은 구조로부터 다양한 층위와 방식으로 억압받고 끊임없이 규정당한다. 이원화된 젠더 권력 체계 아래에서 살아가는 한 결국 나와 무관한 의제는 없다. 우리는 무의미한 '소수자 구분 짓기'에 매몰될 것이 아니라, 연대의 가능성을 찾아 여성혐오적인 사회 권력 구조에 균열을 낼 수 있는 방법을 함께 고민해야 한다. 언제나 직접 경험한 것에만 한정하여 공감할 수 있다면 '연대'라는 말은 실재하지 못할 것이다. 직접 겪어 보지 않았더라도 문제의식을 공유한다면, 옳다고 믿는 가치가 공명한다면, 우리는 함께 목소리를 낼 수 있다.

트랜스젠더퀴어는 어디에나 존재해 왔고, 이들과 연대하는 사람도 항상 존재해 왔다. 그러나 트랜스젠더퀴어 혐오는 이들과 연대하는 사람마저 노골적으로 조롱하고 목소리를 지우려 하고 있다. 우리는 현재 일어나고 있는 혐오에 제동을 걸고, 연대하는 익명의 이화인이 있음을 알리기 위해 이 성명을 작성한다. 우리는 이화 안팎에서 현재의 무분별한 혐오에 문제의식을 느끼며 우리와 뜻을 함께하는 모두를 대변한다. 누구도 우리의 존재와 목소리를 부정하거나 막을 수 없다. 우리는 여기에 존재하며, 존재하는 한 계속해서 목소리를 낼 것이다.

2020. 2. 10.

(56개 단체 및 1,180명 개인 연서명)

성별 이분 체계에 적합해지기를
거부하거나 포기하거나 실패하는
동시에, 자신과 공동체의 더 나은
삶을 고민해 온 모두가
우리의 동료다.

우리는 계속 '위협'이기를 원한다

/언니네트워크 & 퀴어여성네트워크

트랜스젠더 여성이 숙명여대에 최종 합격했다는 소식이 알려졌다. 합격자는 자신이 트랜스젠더임을 드러내고, 얼마 전 원치 않는 전역을 당해야 했던 변희수 육군 하사 및 그와 비슷한 장벽에 부딪치며 살아가고 있을 사람들에게 응원의 마음을 전했다. 우리는 우리 사회가 더는 성소수자가 숨어야 하는 사회가 아닌 자신을 드러내고 연결될 수 있는 사회로 변화하기를 열망하며, 그녀의 용기를 지지한다.

입학은 절차적으로 정당하므로 이것을 문제 삼는 논리는 논박할 가치도 없다. 그러나 일각의 혐오가 언론을 통해 무분별하게 확대되는 상황은 매우 우려스러운 수준이다. 더구나 최근 더욱 선명해지고 있는 트랜스젠더 배제와 혐오의 움직임이 이제는 여성 인권 옹호의 명목으로 성행하고, 급기야 트랜스젠더 성별정정이 여성 인권에 대한 위협이므로 금지해야 한다는 주장으로도 흘러가고 있는 데는 반대 입장을 내지 않을 수 없다.

우리는 그 '위협'에 같이 연루되어 있다. "여자라고 주장하며" "외부 성기 성형수술도 없이" "근거 법률조차 없이" 법적 여성이 되는 것이 여성에 대한 위협이라면, 우리는 그것의 결과로 여성이 되었다. 동의 없이 법적 여성으로 등록되고, 그에 걸맞는 삶을 매시 매초 요구받으며, 타협과 순응과 저항 사이에서 살아간다. '자연스러운 위협'이 파 놓은 함정 속에서, 출생 시 지정된 성별에 따라 삶의 공간, 범위, 형태가 결정된다는 전제를 의심하고, 때로는 심각한 불이익이 있더라도 그것을 넘어 자기를 실현하고자 한다. 이러한 도전을 막는 모든 차별을 밝혀 그에 맞서는 것이 페미니즘 운동이고, 성별 이분 체계에 적합해지기를 거부하거나 포기하거나 실패하는 동시에 자신과 공동체의 더 나은 삶을 고민해 온 모두가 우리의 동료다.

"하필 여대냐"는 질문이 여성 인권 운동으로 둔갑하는 초라하고 편협한 현실에 분노한다. 성폭력 및 성적 괴롭힘, 학대를 문제화하고 대책을 요구할 때, 폭력으로부터 보호받아야 할 여성과 그렇지 않은 여성을 분리할 수 있다는 주장에 단호히 반대한다. 트랜스젠더는 언제나 여기 말고 다른 곳에 있어야 한다는 자들에게 해명하지도 간청하지도 말자. 그것이 사회적으로 또는 물리적으로 죽으라는 말과 과연 다를지 스스로 깨달을 수 있는 사회를 만들자. 페미니즘 운동이 만들 사회는 누구도 이성애 중심적인 가부장제에 의해서 성별 규범에 맞추어 살도록 강요당하지 않는 사회, 자신의 성 정체성을 이해하고 존중할 수 있는 기회와 자원이 동등하게 주어지는 사회, 그러므로 부당하게 해고당하거나 학교에서 내쫓기지 않는 사회, 법제도와 공동체가 인권을 다수결로 저울질하지 않는 사회여야 한다.

더 크게, 과감하게, 용기 있게, 지금 여기서 우리도 우리의 말을 하자.

2020. 2. 12.
(253개 단체 및 3,003명 개인 연서명)

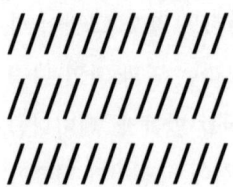

나가며

숙명여대 등록 포기에 부쳐
/A

내게도 일상은 있다. 눈을 뜨고 눈을 감을 때까지 특별하지 않은 삶을 견뎌 낸다. 꿈이 있고, 삶의 목표가 있으며, 희망이 있다. 그러니 내 삶은 남들에게 확인받을 필요가 없을 것이다. 그러나 대학을 가고자 하는 당연한 목표, 그 속의 꿈조차 누군가에게는 의심의 대상이고 조사의 대상에 불과하다. 또한 내 삶은 다른 사람의 일상 속에서 끊임없이 무시되고 '반대'를 당한다. 그렇게 나는 일상을 영위할 당연함마저 빼앗겼다.

얼마 전 서점을 다녀왔다. 더는 볼 필요가 없을 것이라 생각했던 수험서를 다시금 뒤적일 수밖에 없었다. 내가 수험서를 사러 와야만 했던 이유는 올해 수능 점수에 불만족해서도 아니고, 법전원에 진학하기 위해서는 그것이 설치된 대학 학부로 진학하는 것이 유리하다는 말을 들어서도 아닌, 작금의 사태가 무서워서였다. 내 몇 안 되는 희망조차도 허락하지 않겠다는 그들의 언행이 두려웠다.

서점에 가는 길에는 전철을 탔었다. 전철역의 계단 앞에서 계단을 오르내릴 수 있는 나는 사회적 다수자였고, 다양한 색으로 도배된 지하철 노선도 앞에서 세 가지 색각을 지닌 나는 다수자였다. 그 누구도 항상 사회적 다수자일 수는 없으며, 그 누구도 항상 소수자인 것은 아니다. 모든 사람은 소수인 측면과 다수인 측면을 다층적으로 쌓아 가며 자신의 정체성을 확립해 나간다. 자신을 늘 강자라고 생각하는 사람은 자신이 약자일 수 있다는 점을 받아들이지 못한다. 반대로 자신을 늘 약자라고 생각하는 사람은 자신이 어떠한 면에서는 강자일 수 있음을 잊고 다른 약자를 무시하기 마련이다. 이런 사고에서는 혐오만 재생산될 뿐이다.

나는 서점 나들이를 정말 좋아한다. 그 다양한 의견의 각축장을 통해 보다 나은 의견은 무엇인지 생각하고, 다른 사람의 의견은 어떠한 근거를 갖는지 찾아보는 행위가 재미있다. 그러나 이러한 즐거움을 얻기 위해서는 자신과 상대방이 같은 사람이라는 것을 인정해야 한다. 성숙한 사람에게 있어 미지의 존재에 대한 공포는 더 알아 가고자 하는 호기심이 되어야지, 무자비한 혐오여서는 안 된다. 혐오는 진정한 문제를 가리고 다층적인 해석을 일차원적인 논의로 한정시킨다. 이러한 무지를 멈출 때에만, 사회의 다양한 가치를 이해하고 보다 건설적인 방향으로 공동체를 발전시킬 수 있다.

나는 그래서 이 사회가 모든 사람의 일상을 보호해 주기를, 다양한 가치를 포용할 수 있기를 바란다. 그 길만이 우리 사회를 지속적으로 발전시킬 수 있을 것이라 믿는다. 그런 사회를 만들고자 하는 내 바람에 공감하고 지지를 보내 준 여러 개인, 단체에 감사를 표한다. 만약 그들의 지지가 없었더라면 연약한 개인은 쉬이 지치고야 말았을 것이다. 또한 각자의 자리에서 최선을 다해 인생을 살아가는 여러 사람들에게 감사를 표한다. 그들의 노력이 있기에 일상이 일상일 수 있다. 나는 비록 여기에서 멈추지만, 앞으로 다른 이들은 더 멀리 나아갈 수 있을 것이라 믿고 또 감사한다.

2020. 2. 7.
하나의 날갯짓이
커다란 폭풍이 되었음을 바라보며

추신.
저를 지지해 주신 여러분께 일일이 감사의 말씀 전하지 못하는 점 죄송하게 생각합니다. 덕분에 여기까지 올 수 있었습니다. 그 연대의 정신 잊지 않고, 또 다른 곳에서 노력하겠습니다. 감사합니다.

우리는 자격 없는 여성들과
세상을 바꾼다

초판 1쇄. 2020년 5월 13일
지은이. 권김현영, A 외 23개 단체
엮은이. 하늘
편집·디자인. 하늘
펴낸곳. 와온
출판등록. 2019년 2월 14일 제2019-000023호
주소. 서울시 중구 다산로6길 7-6
팩스. 0504-261-2083
이메일. waonbooks@gmail.com

ISBN 979-11-967674-2-6 (02330)

이 도서의 국립중앙도서관 출판예정도서목록(CIP)은
서지정보유통지원시스템 홈페이지(http://seoji.nl.go.kr)와
국가자료종합목록 구축시스템(http://kolis-net.nl.go.kr)에서
이용하실 수 있습니다. (CIP제어번호: CIP2020016740)